「AIで仕事がなくなる」論のウソ

この先15年の現実的な雇用シフト

海老原嗣生

はじめに

〜これから15年で今ある仕事の49％が消滅する〜（野村総合研究所）
〜近い将来、9割の仕事は機械に置き換えられる〜（フレイ＆オズボーン）

オックスフォード大学のフレイとオズボーンが「ＡＩの進展で起きる雇用崩壊」について研究報告してからすでに5年経った。ほぼ同じ手法でコピーのように野村総研が後追い発表したレポートには、たった15年で半分近くの仕事がなくなると、時期まで明言されている。

そして、両研究に追随《ついずい》する形で、有名なビジネス誌が「これからなくなる仕事」「生き残るための処方箋《しょほうせん》」などの特集を再三企画した。

ここ5年間、世の多くのビジネスパーソンは、「俺の仕事は大丈夫か？」と冷や冷やしていたのではないだろうか？

ただ、「15年」の3分の1を過ぎた現在、雇用は減るどころか、世界中がかつてない人手不足に悩まされている。結果、今度は逆に「雇用崩壊なんてありえない」とＡＩの進化を甘く見る人たちも増えてきたように感じる。

正直言えば、**「今すぐなくなる」論も「なあに、心配ない」論も、どちらにも問題があると**考えている。

ＡＩによる雇用崩壊は、実際、どこからどんなペースで広がっていくか。それを実務現場などを取材しながら、明らかにしたのがこの本だ。

なぜ、レポートから5年経った現在も、世界は人余りではなく、人手不足に悩んでいるのだろうか。それは先進国各国での少子化や、大規模金融緩和による空前の好景気など、レポートが想定していなかった事象が重なったせいもある。

ただ、それ以外にも決定的な「欠陥」がどちらのレポートにもあった。それは、**雇用現場を全く調べずに書かれている**ということ。技術的な機械代替可能性のみを対象にした研究なのだ。

彼らのレポートの骨子を、サービス業、製造業、建設業など「なくなる」と言われる仕事の現場で、当事者たちにぶつけると、異口同音に「白けた」反応が返ってきた。

「現場では1人の人が、こまごまとした多種多様なタスクを行っている。それを全部機械化するのは、メカトロニクスにものすごくお金がかかる」

「ある程度大量に発生する業務はすでに、オートメーション化している。残りの部分で自動化できるところは少ない」

こんな言葉を、何度も何度も聞かされたのだ。

たとえば、ケーキ屋さんのレジ係の場合。レジ打ち清算行為はＡＩ＋メカトロで代用できるだろう。ただ彼女は、その他にも、ケーキの補充、陳列、サービング、箱詰め、包装、ショーケース磨き、値札替えなども行っている。これら全部を1台のＡＩとメカで対応できるようになど、10年程度ではとても難しい。

流通、建設、製造の大手企業であれば、業務効率化への研究投資を、大学やメーカーと協働ですでに行っている。でも、こまごまとした多様な作業の機械化は、どうにもうまくいかない。だから、人手が残っているのだ。

ただ、この話を聞いて「AIによる雇用代替はない」と全否定しないで欲しい。それは、この先15年では難しいだけで、もう少し長いタイムスパンでは話が異なる。AIの進化ステージをしっかり理解し、「いつごろ、どのような技術が生まれると、実際に機械に代替されるのか」も考えていきたい。フレイ&オズボーンや野村総研が行った研究の不足点を補い、現実的な雇用代替の道筋を考えていく。

新たなポイントとして、**雇用代替の前に起こる「すき間労働社会」という過渡期**の重要性について、かなりページを割いた。

遠い将来、機械が社会全体を牛耳る可能性はある。

AIは最終的に人の脳と同じ構造になっていく。そうなると、機械が「考え・感じ・創り出す」ことまでできるようになる。学術論文も、小説も、音楽も、会社経営も。結果、安くて魅力ある製品が、無駄なく正確に素早く製造できるようになる。もちろん、その過程もほぼ機械に代用される。そのころ社会はどうなっているか。会社は人も雇わずに、とんでもなく売れる製品を作れるわけだから、大儲けできる。ただし、それでは多くの人が路頭に迷うことになる。国はそれを防ぐために、会社に重税を課して、それを原資に人々に手厚い生活保護を給付するようになるだろう。結果、人々は、働きもせず、今の給与以上の生活費を手に入れられる。こんな状態に行きつく、と言われている。

そのときに、膨大な余暇を持て余すようになった人々は何をすべきか。いきなりそんなことになったら、人間は途方にくれてしまうだろう。

ただ、都合の良いことに、**ほとんどの仕事が、雇用崩壊に至る前に、「すき間労働化」というプロセスを経る。**

この「すき間労働化」期が私たちに色んなことを考えさせることになるだろう。

たとえば、回転寿司のような業態を考えてみよう。

比較的、ボリュームの大きい工程は、すでに書いた通り、機械化されている。それは、シャリ（酢飯）を握る機械などだ。ただ、今の機械の握りはどれも均一なため、ネタに合わせて最適な柔らかさ・大きさ・形にはなっていない。だから、名店よりも「おいしくない」のだ。

一方、ネタを最適に切るという機構はまだ実用化できていない。素材や鮮度に合わせながら、一番おいしい形・厚みに切る。これには熟練の技がいる。

近い将来、AIが発展すれば、これらの工程が自動化・最適化されるだろう。結果、銀座の名店並みの「切り方」「握り方」が回転寿司で実現できるようになる。さぞかし回転寿司屋は大繁盛するだろう。

そうなったとしても、それ以外の仕事は従来通り残る。たとえば、魚の皮をはぐ、湯につける、氷にくぐらす、シャリにネタをのせる、シャリとネタを海苔でくくる、といった作業だ。機械は、コツや熟練が必要な高度で習得しがいのある技術（＝握る、捌《さば》くという行為）についてはすべて人から奪っていき、人間は機械のやらないこまごまとした「すき間」を埋める作業をやるようになっていく。

仕事の中の難しい工程を機械に任せられると、脱サラしたばかりの素人や、寿司など食べたことのない外国の人でも、寿司屋で働け、しかもそんな素人だらけの店が、銀座の名店並みの「うまさ」を誇るようになる。

どうだろう。人々は、つらい修業からは解放されるが、一方で、努力して勝ち取る成長の喜びを体験できなくなっていく。それでいて、店は今以上に儲かるので、給料は上がる。こんな時期をすき間労働期と呼ぶ。

仕事は簡単なものばかり残り、でも給料は高い。そして、働く人は成長の喜びを失う。

そう、これは遠い将来の「働かなくても大金を得られ、膨大な余暇を持て余す」時代の、先取りともいえるだろう。こんな、**現状→すき間労働化→雇用崩壊という、ホップ・ステップ・ジャンプ**がこの本では明らかにされている。

こうした流れがわかるためには、何よりもＡＩ進化のパラダイムとタイムスパンを押さえておかなければならない。そこで、まず1章で、ＡＩについて覚えておくべき理論・用語をかみ砕いて説明し、２章以降で実務面と絡めて将来を考えていく。

「AIで仕事がなくなる」論のウソ

この先15年の現実的な雇用シフト

目次

section●3 AIで仕事はどれだけ減るか ③営業職の未来 121

Chapter 3 この先15年の結論。AIは救世主か、亡国者か

Chapter 4 15年後より先の世界。"すき間労働社会"を経て、"ディストピア"か？

Chapter

1

しっかり
振り返ろう、
AIの現実

「はじめに」ではＡＩの今後について、大まかに述べた。１章ではもう少し詳しく、ＡＩの過去と未来を見ていくことにしたい。また、最近はやりのディープラーニングやニューラルネットワークの構造についても、細かく解説していく。

続いて、ＡＩのような社会を揺るがす大発明（ＧＰＴ、意味は後述）、たとえば蒸気機関の発明などが起きたとき、社会や雇用に及ぼす影響について、どのようなプロセスで何が起きるか、ということについても考えてみることにする。そこには１つのパターンがあることがわかる。この流れをぜひ、頭に刻み込んで欲しい。

最後に、一大発明が及ぼす社会への影響がわかったあとに、今度は、ＡＩにより未来はどう変わるか、に迫ってみる。ここでは、昨今、世間を騒がす「ＡＩがもたらす雇用崩壊」論の源となった日米のショッキングな研究を取り上げ、それがいったい、どのような内容なのかを明らかにし、果たしてどの程度、正確に将来像を描いているのか、考えることにする。

SECTION 1

ただいま人工知能は第3回目のブーム

チェスも将棋も囲碁も機械が人を打ち負かした。長足の進歩を遂げるAIは、人類をも凌駕《りょうが》するのか。その歴史をしっかり確認しておこう。

論理を教え込み挫折した第一次AIブーム

実は**人工知能**(Artificial Intelligence：AI)に関する確定した定義はない。『広辞苑』にはこうある。〈**推論・判断などの知的な機能を人工的に実現したもの。多くの場合、コンピュータが用いられる**(後略)〉。平たく言えば、「人間らしい知能を持ったコンピュータ」ということだ。

その開発の歴史は60余年にもわたる。ここでは、どんな具合に「人間らしい知能」を備えてきたのか、それはどの程度まで達成されたのか、進化の過程を振り返ってみよう。

ＡＩという言葉が初めて世に登場したのが１９５６年のことである。米国ダートマスで開催された学術会議で、ジョン・マッカーシーらが人間のように考えられる機械を「ＡＩ」と名付けた。その機械とはもちろん、コンピュータを指した。そう、１９４０年代半ばに発明されたコンピュータこそ、人間のように考える機械を作れる可能性を生んだわけだから、その誕生と同時にＡＩという概念が生まれるのは必然でもあった。

こうした流れの中で、１９５０年代後半から60年代にかけ、欧米を中心に**第一次ＡＩブーム**が花開く。その研究の中身はパズルやゲームといった知的遊戯をＡＩに解かせる、というものであった。ただ、それは知的というには程遠い「力技」の定型処理に他ならない。たとえば迷路ゲームであれば、想定できる道筋をすべて調べ上げれば、人間より早く最適解にたどりつけるというわけだ。

このときのキーワードは「**論理（ルールや手順による推論）**」であった。コンピュータにアルゴリズム（計算手順）を教え込むことにより、人間並みの賢さを実現させようとしたのだが、そのアプローチは途中で頓挫《とんざ》することになる。パズルやゲームは単純化された平明なルールの中での推論であり、現実社会ははるかに広大かつ複雑だから、その程度の処理機能では生かせることは少ない、という結論に達したからだ。このときの研究成果は、将棋や囲碁といった遊戯空間でのみ生かされるものだったが、その延長線上では、ＡＩが各種ゲームで人間の名人を打ち負かすようにはなっていく。

ＡＩ開発の前に大きく立ちふさがったフレーム問題

ただし、こうした「力技」のＡＩには、決定的な壁が立ちはだかることになる。１９６９年、マッカーシーが指摘した「**フ**

図表01　AI開発の歴史

	キーワード	技術	開発の型	正確性	活用場面
第一次ブーム	論理	アルゴリズム	詰め込み教育型	高	小
第二次ブーム	知識（＋論理）	知識ベース＋推論エンジン	詰め込み教育型	中	中
第三次ブーム	学習（統計）	機械学習	アクティブラーニング型	低	大
		深層学習			

レーム（枠）問題」がそれだ。「ＡＩは現実に起こる問題すべてに対処できないから、ある一定のフレーム（方向性）を設けるしかない」という壁である。その一方向のみの処理にいくら長けていても、さまざまな問題が錯綜《さくそう》する現実社会ではまるで使い物にならない。

これは哲学者ダニエル・デネットによる次の寓話がわかりやすいだろう。

人間の代わりに危険な作業をさせるために開発されたロボット1号は、時限爆弾が仕掛けられた部屋に入り、美術品を持ち出す指令（フレーム①）を受けた。ロボット1号は首尾良く美術品を持ち運び出したが、その瞬間、大爆発を起こす。実は、美術品自体に爆弾が仕掛けられていたのだ。ロボット1号のフレームでは、そうした想定がされていなかったため、美術品から異音がしても、いや、美術品の裏に時限爆弾が見えていても、何の対処もしない。

この反省を踏まえ、ロボット2号には「起こりうる危険を推論する機能（フレーム②）」が付加された。同じ状況の部屋に入るが、今度は美術品やその周辺をくまなく探査して爆弾がないかを確認し、そのあとに、「天井が落ちてこないか」「美術品を取り外したら壁が崩れてしまわないか」等々、あらゆる危険を調査しているうちに、時間切れで爆弾が爆発してしまう。

続いて3号には「目的に無関係な事項は考慮しない機能（フレーム③）」が追加されたが、関係ある事項、ない事項の仕分けをするのに没頭して、三たび爆弾を爆発させてしまった……。

タスクを実行する際、人間は状況に応じて必要な知識を取捨選択し活用している。そうした状況対応能力がコンピュータにはなく、一定のフレーム（方向性）で行動をする。実はこの問題は現在のコンピュータでも完全には解決されていない。

第二次ブームの象徴がエキスパート・システム

AI研究はこうしてしばらく冬の時代を迎えたが、1980年代に入り、息を吹き返す。この時期を**第二次AIブーム**と呼ぶ。

今度のブームを支えたのは「**知識**」であった。医者の代わりになるAIを作るなら医学知識を、弁護士の代わりなら法律知識をコンピュータに覚え込ませ、それを法則化して、演算や推論といった処理をさせればいい、という考え方である。そういう意味では、知識プラス論理といったほうがより正しい。

そのころには、大容量の記憶装置と強力な演算装置を兼ね備えたメインフレームが登場しており、それもAIブームを後押しした。

この第二次AIブームのエポックは、「**エキスパート・システム**」として結実する。それは、生身の専門家（エキスパート）の代わりになるようなシステムである。専門家の知識を「もし○○なら▲▲である」というルール形式で表現する「**知識ベース**」**機能**と、そのルールに基づき、外部から与えられたデータや事実を解釈し結論を導き出す「**推論エンジン**」**機能**で構成される。

エキスパート・システムとして最初に世に出たのは、1970年代初頭、スタンフォード大学で開発されたMYCIN《マイシン》だろう。これは、細菌性血液感染症を診断するもので、患者に症状を質問し、その答えをもとに投与すべき抗生物質を特定する。いわば感染医の仕事を支援する仕組みだ。この他、機械の故障診断、銀行の融資可否の判定、交通機関のダイヤ作成、株式や商品相場の売買決定、投資情報サービスなど、様々なエキスパート・システムが出現していく。昨今、話題になっている**特化型AIの源流が、このエキスパート・システムともいえる**だろう。

しかし、複雑な問題を確実に処理するためのシステムを作るには専門家から膨大な知識をヒアリングしてコンピュータに移転しなければならない。それには膨大な手間がかかる。また、知識の数が増えるとお互いに矛盾し合うものも出てくる。その調整に難渋してしまう。さらには、ルールや方式が更新するたびに、関連する機能を直さねばならない作業が発生し、そこで更新漏《も》れが起きれば、バグが発生するという問題もあった。

さらにいえば、人間は論理的に考えればありえない言葉も発する。そうした場合に、いちいち例外ルールを作っていかなければならない。

たとえば、翻訳ルールを考えてみよう。

同僚2人がランチに出かけ、いきつけの和食屋で注文したとする。

「私は鰻ね」、「僕は鮭」。これを標準ルールにそってAIが英訳するとすれば、「I am an eel」、「I am a salmon」となってしまう。再度邦訳し直すと、「私は鰻レディ」、「僕はシャケ男」だ。こんな感じで、日常会話1つとっても、ルールは多岐になってしまう。それを全部抽出してコンピュータに覚え込ませるのは不可能だ。

こうして第二次AIブームは、エキスパート・システムという一定の成果を残したものの、隘路《あいろ》にはまる。

AIに自ら学ばせる機械学習というブレークスルー

AIに再び注目が集まったのは、2000年代後半であり、そこを起点とした**第三次ブーム**が現在も続いている。

今度のキーワードは「**学習（ならびに統計）**」である。

そのきっかけとなったのが、**ディープラーニング**（**深層学習**）だ。こちらは2006年に、イギリスのジェフリー・ヒントンにより考案される。かつての人工知能は「人間が教える」ことで機械が賢くなる、という仕組みが主だった。ところが、ディープラーニングは、**機械自身が自分でルールや法則を学び、自ら高度な知識を積み上げていく。**

たとえば、先ほどとんちんかんな作動を示す典型とした自動翻訳で、その昨今の進化の様子を見てみよう。これは、故スティーブ・ジョブズ氏が米スタンフォード大学の卒業式で行った名スピーチ「Connecting The Dots」を、グーグル翻訳にて和訳したものだ。（図表2）

図表02　機械翻訳の進化

原典

10 years later, when we were designing the first Macintosh computer, it all came back to me. And we designed it all into the Mac. It was the first computer with beautiful typography. If I had never dropped in on that single course in college, the Mac would have never had multiple typefaces or proportionally spaced fonts.

2016年までのGoogle翻訳

10年後、それはすべて私に戻ってきました。そして、私たちは全てをマックの設計に組み込みました。それは美しいタイポグラフィーとの最初のコンピュータでした。私が大学であのコースひとつ寄り道していなかった場合は、Macは、複数の書体やプロポーショナルフォントを持っていたことがないだろう。

2017年のGoogle翻訳

10年後、私たちが最初のMacintoshコンピュータを設計していたとき、それはすべて私に戻ってきました。私たちはそれをすべてMacに組み込んだのです。それは美しいタイポグラフィを持つ最初のコンピュータでした。私が大学でその1つのコースに入学したことがなかったら、Macは決して複数の書体または比例した間隔のフォントを持っていなかったでしょう。

参考：進化した「Google翻訳」がスゴすぎる、アプリオ編集部言葉の重複や、文章のぶつ切り、否定形の重なる仮定文など、エキスパート・システム登場から30年以上過ぎた2016年の翻訳でも、大いにぎこちなさは残る。それが、アンダーラインのついた箇所に端的に表れているだろう。ところが、それからすぐの2017年初めの翻訳では、かなりスマートな日本語となっている。とりわけ最後のセンテンスに、大きな差が出ているだろう。

名スピーチとして名高い「Conecting The Dots」の文章は原文で読めば味わい深い分、倒置や強調などがあり、機械翻訳は難しい。だから2016年訳は大いに違和感の残るものであった。それが、2017年のバージョンでは、ほぼ及第点の訳になっている。

「**人工知能が自分で学ぶ技術**（**機会学習**）」はそれ以前からあったが、ディープラーニングの学習能力は、従来のものをはるかに凌駕している。さて、では、この進歩の原動力であるディープラーニングとはいったいどういうものなのだろう。

SECTION
2

ディープラーニングもＡＩ進化の通過点でしかない

ＡＩの進化の壁を打ち破る原動力となったのが、ディープラーニング（深層学習）だ。いったいこれはどのような仕組みなのか。この仕組みの基礎となる**ニューラルネットワーク（神経回路）**とともにまずは簡単に説明しておくことにしよう。

画像認識の基本的な仕組み

たとえば、手書きのアルファベットをＡＩに認識させる場合を考えてみよう。

そのためには各文字の**特徴を人間が機械に「教える」ことが必要**だった。たとえば、〝Ａ〟という文字であれば、「左右対称」であり、「逆Ｖ字型」をしていて、「センター に横棒が入る」というようなＡを特定するための条件を教えていかねばならない。こうした認識のためのルールを数式化（あるいは数値化）したものを「**特徴量**」と呼ぶ。

アルファベット程度の単純なものなら、素人でも以下のように特徴量を抽出できるだろう。
・左右対称　・上下対称　・V字　　　・逆V字　・垂直交差
・縦棒(左)・縦棒(右)・縦棒(中)
・横棒(上)・横棒(下)・横棒(中)
・楕円(中)・円(上)　・円(下)　・円(中)

これだけの特徴に対して、それがあるかないか、ある場合1つか2つか、を付していけば、文字の構造は示せる。手書き文字をスキャンしながら、その作業をやり、そうしてできた特徴量から今度は文字を再現できる。

画像処理とはざっと、こんな感じだと考えればよいだろう。

「あれは伊藤君」という認識

たとえば、遠くから歩いて来た人が知り合いの「伊藤君」だと気づくプロセスなどを考えると、**認識が特徴により階層的にできている**ことが理解できる。

まず、遠くのほうにかすかに見えるときは、それが人かものかもわからない。少し近づくと、動いている、ということがわかる。ここで「静物ではない」と認識する。

また少し近づくと、その動きが不規則で柔軟なものとわかる。この段階で「機械ではない＝動物だ」とわかる。さらに近づくと、二足歩行で洋服を着ている。なので「人だ」とわかる。続いて、がっちりとして背が高く髪が短い。だから「男だ」とわかる。そして、肌の色や目鼻立ちの骨格から「中韓日のどれかの出身だろう」とわかる……。こうして認識は深まり、最後は目や鼻や口の位置関係や、歩き方などの仕草、服装の好みなどから、「伊藤君だ」と同定されるわけだ。

「非静物→動物→人→男→アジア人→……→伊藤君」。階層構造が見て取れ、その各段階で「特徴」により認知・選別されたプロセスがわかるだろう。

そして、目に映った膨大な動画情報は、自分がかつてから保有する「伊藤君像」と結びつき、それは情報量の小さい「伊藤君」というラベル1つになる。これが情報の圧縮であり、こうした作業を**エンコーディング（コード化する）**と呼ぶ。

エンコーディングされている共通ラベルである「伊藤君」という言葉を出せば、そのたった数バイトの情報で、友人間では「伊藤君」が想起し合え、このうえなく便利なことも、あえて説明しておく。そこには、「ほら、日本人で髪が短くて、体ががっちりして、歩くとき微妙に肩を揺らして、しかめっ面している、男だよ」などと、情報を付す必要がない。情報圧縮技術により、日常生活はとても簡便化される。

そして、たとえば絵がうまい友人であれば、「伊藤君」というラベルを与えられると、彼女の記憶する「特徴」を総出しにして、瞬《またた》く間に彼の似顔絵を描くだろう。1つのラベルから、特徴量を引き出し、現物を再現する。これは、圧縮の反対で「コード化されたものを元に戻す」という意味で、**デコーディング**と呼ぶ。

ここまでで、**認識→圧縮→コーディング→デコーディング→解凍→再現というプロセス**がわかっただろう。人間の脳はことほど左様に合理的にできている。コンピュータにもこの作業をまねさせることは簡単にできる。

認識（識別）と理解の違い

人間が物事を同定するのに使った特徴をすべてコンピュータに教え込み、彼は伊藤君だと教える。斉藤君は「アジア人」あたりまで類似の特徴を持つが、その先の目鼻立ちや仕草では、異なる特徴を示す。こうしたことを一つひとつコンピュータに教え込んでいけば、彼が伊藤君だと教えることは可能だ。それを人の数だけやれば、世界中の人を認識できるだろう。ただ、それは気の遠くなる作業であり実現不可能だろう。

もう少し簡易に、コンピュータに教えると、どうなるか。

特徴は教えず、やみくもに何万枚もの写真を見せ、その中から、伊藤君の写真を多々取り出し「これは伊藤君」、続いて同じように佐藤君の写真を多々取り出し「これは佐藤君」とやっていく。この作業で、コンピュータは多々ある写真の中から、伊藤君や佐藤君の残りの写真を取り出せるようになる。**示された画像を構成する素子の配列の傾向から、類似した写真を探す**、というメカニズムだ。

ただ、この認識形態であると、佐藤君や伊藤君以外、浅野さんや武石さんは、コンクリートや鉄と同じような「それ以外のもの」にしか判別されず、「人」「アジア人」「男性」などという意味を持った認識はできない。なので当然、コンピュータには「この写真の中から人物写真を取り出せ」と命令しても実行できないのだ。

効率的に意味を持った認識を行うようにするためには、どうしたらよいか。

そこで登場するのが、「特徴量」なのだ。

たとえば機械にこのような「情報の収集区分」を教える。

◎動いているか、否か

◎毛が生えているか、否か

◎二足歩行して、なおかつ洋服を着ているか、否か
◎肌色の濃さがどのくらいか
◎背が高くてがっちりしているか、否か
◎目・鼻・口の位置間隔

この区分ごとに動画情報を見て、コンピュータが勝手にフラグを振っていくと階層的な認知が可能となる。動画上に、「動」×「毛」×「二足」×「洋服」という一群が現れると、それは類似集合体としてコンピュータに認識される。その時点でコンピュータはそれが「人間」という言葉になるとは知らないが、彼らの中ではそれと同等な処理ラベルとして、たとえば、「集合A」などとラベルづけされることになる。

さらにその中には肌色が中間位の一群が現れるため、それを「集合Aa」と認知する。コンピュータはやはり「アジア系」という日本語は知らないが、それと同等の認識ができている。さらにこの群は、「背が高い」×「がっちり」という群（AaⅠ）とそれ以外（AaⅡ）に二分される。前者は「アジア人男性」、後者は「アジア人女性」となる。くどいようだがコンピュータは記号認識するだけで、その名称は知らない。

こうして認識を深めていくと、人――アジア系――男の中に、いくつもの特定群が

見つかり、それぞれがＡａⅠ①、ＡａⅠ②、ＡａⅠ③……と固体識別される。

この方法であれば、コンピュータには情報区分を教えるだけであり、あとは、その区分ごとに、類似傾向を持つ群を統計的に同定する作業をコンピュータがやってくれるので、比較的楽に「認識」ができるようになる。この「情報区分」のことを特徴量と呼び、また、特徴が類似する群のことは「クラスター」と呼ぶ。（図表3）

それでもまだ、情報の収集区分は示さなければならない。

もし、コンピュータが何万枚もの写真を見たら、自動的に情報の収集区分まで見出して、それにそってクラスター分けしてく

図表03　特徴量と認識のメカニズム

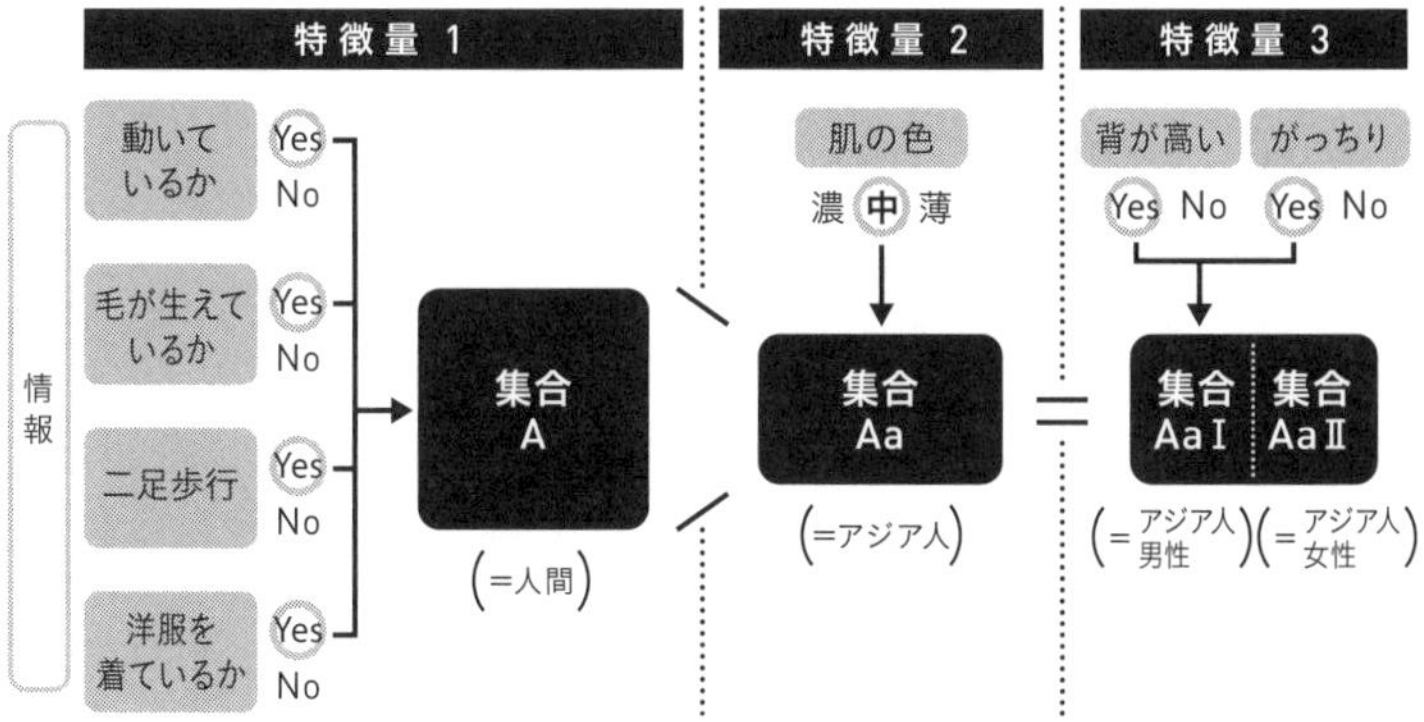

れるなら、最高に楽だろう。そうすれば、これからは人手が不要になり、コンピュータは自力で学習を始める。

そう、それを可能にするのが、「ディープラーニングの力」なのだ。

深層学習の研究には60年以上もの歴史がある

コンピュータがなぜ特徴量の設定を自ら行えるのか。

それは、**脳の認知メカニズムと同様の仕組み（ニューラルネットワーク）**を、コンピュータ内に再現することで可能となった。このメカニズムを次に書いておくことにしよう。

脳内では、ニューロン（神経細胞）が多層に積み重ねられてネットワークが形成され、この間を電気信号として情報が行き来する。そして、階層ごとに情報処理がなされていく。これと同じ仕組みを機械的に再現することができないか？　という取り組みは60年以上も昔から行われてきた。

その作業の進化の賜物《たまもの》が、ディープラーニングだ。２００6年にジェフリー・ヒントン教授がそれをなしえたかのように言われるが、前段階にいくつものエポックが積み重なってそれはなされており、彼自身もＡＩ開発史に30年以上にわたって何度も顔をのぞかせているのだ。現状のディープラーニングもこうした歴史上の通過点に過ぎず、発展途上のものといえるだろう。

多層での学習構造を解き明かす

ディープラーニングは、４層以上の多層構造を持っている。この多層ニューラルネットワークの代表が、畳み込みニューラルネットワーク（ＣＮＮ：Convolutional Neural Network）だ。

まず最初に、膨大な画像の中から、いくつかの画像に共通するような細かな要素群（クラスター）を見つけ出していく。たとえば大量のフルーツ写真がある中で、ある一群には「細長い三日月形をしている」「おおむね黄色である」「ところどころに線形や円形の茶色いしみがある」「片方の先端が細く柄のようになっている」「もう片方の先端は鈍角にとがって黒か茶色をしている」などの共通する要素が見られた。

同様に、ある一群には、「おおむね赤い色をしている」「細く湾曲した茶色の柄がついている」「全体的に丸っぽい」「上下はラッパのようにへこんでいる」といった共通要素が見られる。

　こんな形で、何千枚もある写真の中から、**共通要素を見つけ出して、それに適《かな》う群に分けていく**と、茫洋《ぼうよう》と「フルーツごとの写真分類」ができるだろう。

　続いて、そうした特徴のうち、あいまいすぎて入れるべきかどうか迷ったものを、念のため残す、という作業を行う。たとえば、先ほど挙げた「細い柄がついている」という要素は、中には時折柄が折れているリンゴもあるので、１００％適う条件ではない。機械的に判断したのならこの条件は「不適」として排除されてしまう。ところが、かなりのリンゴには柄がついているから、この条件は捨てずに残すべきだろう。

図表04　ディープラーニングの構造

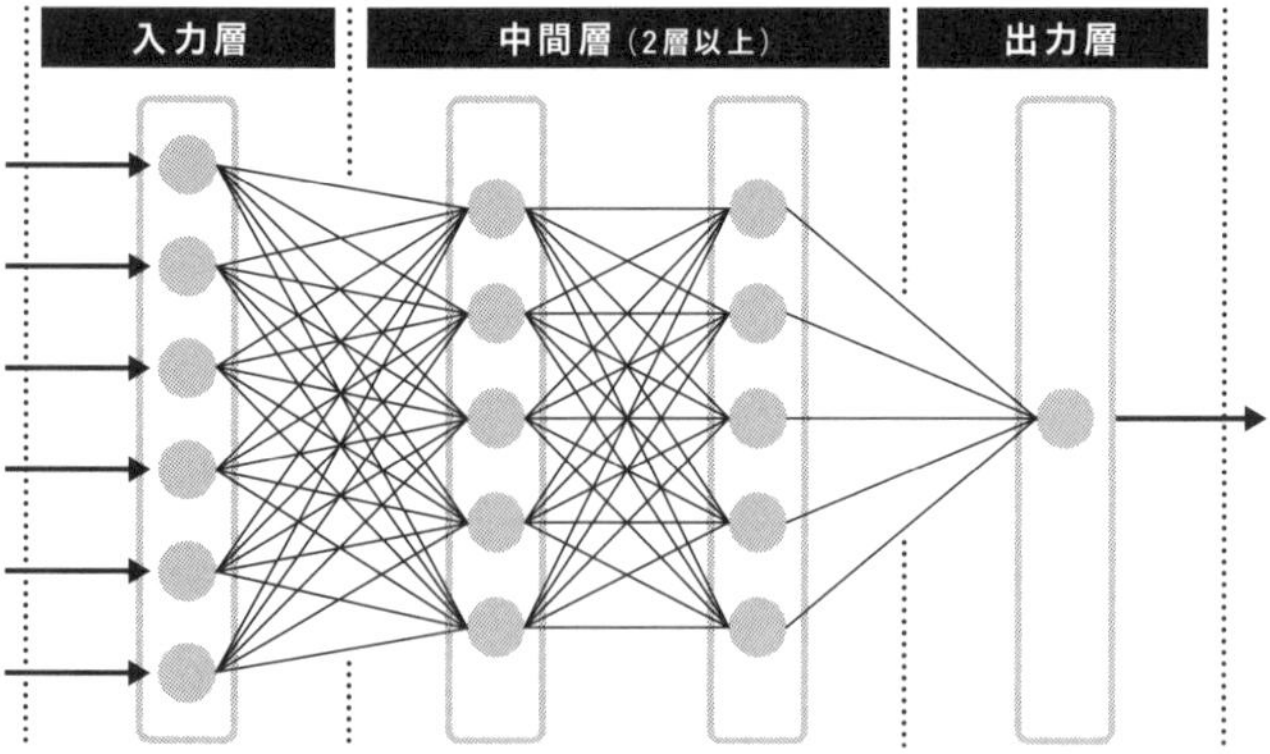

ディープラーニングは中間層が２層以上の多層構造になっている。

そこで、「たまには柄のないものもあるだろうが、他の条件が適っているなら、それはスルーする」と書き換えをする。こんな「**あいまいな条件を留保する**」ための層があるのだ。

さらに、多々見出すことができた特徴を**取捨選択、もしくはマージ（合算）する**作業を行う。ある特徴は、もう1つの特徴と因果関係があるため、どちらか1つを見ればよいといったものは、絞り込みを行い、また、ある特徴とある特徴を合わせると、1つで言い換えられるというものは合算する、といった感じだ。

そうして最後に、これら特徴条件をもとに、映っているフルーツがなんであるか、**分類を行う。**

誤答の場合、階層を遡って識別過程を修正する仕組み

ただ、ここまでいっても、機械自身が人手を介さず自習で行った識別は、まだまだ間違いが出る。そこで、その間違いの自動修正も機械に行わせることが必要だ。その工程はどうなっているか。

こちらは、**写真自体に実は「正解」が付されている。**機械は前記のプロセスにしたがい、ジャッジを出したあと、正解と突き合わせる作業を行う。そこで「間違い」が発生したときは、どの工程の条件式が間違っていたか、遡及《そきゅう》して自身で修正する機能が埋め込まれている。これを**バックプロパゲーション（誤差逆伝播《てんぱ》法）**という。何万枚もの写真を見せながら、バックプロパゲーションを繰り返すうちに、認識精度が上がる。これが自習のプロセスとなる。

前述のグーグル翻訳なども同じ原理でできている。現存する気の遠くなるほどの文章とその対訳を読み比べさせることで、機械に自ら出した翻訳の間違いを勉強させていき、精度を上げていくのだ。「私は鰻ね」と食堂で言った場合、それは多くの翻訳では「eel, please」となる。この場合、「I am」ではなく、「please」が正解と知るのだ。

つまり、機械は、いくつもの情報からそこに共通群（クラスター）を見出し、それらが、識別や認識に価値があるものかどうか精査して取捨選択する作業によって、正確な特徴量を自ら見つけられる、ということだ。この特徴量を拡幅《かくふく》することで、セグメントは緩くも広くもとれる。たとえば「伊藤君」に特定することも可能であるし、「アジア人」「男性」に広げることも同様だろう。

現在の仕組みも発展途上の一段階でしかない

実は、この仕組みは全自動とはいえないことがおわかりだろうか？　そう、写真ごとに「正解」をあらかじめ付しておかなければならないからだ。結局、この部分で人手が残る。

ともあれ、ＡＩの世界がニューラルネットワークを介したディープラーニングで爆発的な進化を起こしたのは間違いのない事実だ。ＡＩは人手を介する詰め込み型から、自走型（アクティブラーニング）へ一大転換を遂げたのだから。

ただし、それは、60年以上も積み上げられた進化の賜物であり、今後の発展にも地道な道のりが必要だ。革命のように、一晩で世の中のパラダイムが急転するといった類のものではない。

この項目の最後として、ディープラーニングの歴史についても触れておく。そもそも、脳の構造を模して論理処理を行う仕組みは１９４０年代にアプローチが始まり、１９５８年に米国の心理学者フランク・ローゼンブラットがパーセプトロンを開発する。これは、入力層と出力層のみからなるシンプルな設計にもかかわらず、学習や予測ができることから当時注目を集めた。ただ、この構造ではすぐに「**排他的論理和**」**という命題が解けない**ことが指摘される。これは平たく言えば、あいまい性の残る推論に対して、処理が画一的になってしまうことだ。解決には、あいまいな条件に対して「拾い上げる」行為を足し込むことが必要になる。

そこで、入力と出力の間に「隠れ層」を設けた3層構造が1986年にデビッド・ラメルハートらによって提唱される。そして、出力結果に対して正解を突き合わせ、「あいまい条件」の取捨選択の精度を増していく「バックプロパゲーション」が機能追加される。このときの共同開発者の1人が、先に登場したジェフリー・ヒントンだ。

しかし、この3層構造でも、「**勾配**《こうばい》**差の消失**」**という問題**が起き、そこで研究は行き止まりとなる。その問題を解決できたのが、2006年にヒントンにより編み出された手法なのだ。

こうしてより有用性の高い機械学習の仕組みが出来上がり、しかも、それを教育するためのビッグデータがそろい、さらに、その大量データを処理するための演算装置も開発された。だから今、AIは本格進化を遂げる時代になったといえる。

ただし、先述した**CNN**も、いくつかあるニューラルネットワークの一種でしかなく、画像認識などには長じているが、万能ではない。その他にも再帰型ニューラルネットワーク、順伝播型ニューラルネットワークなど、代表的なものがいくつかあり、しかも、それらが並《な》べて、まだまだ進化の真っ最中だ。CNN自身、すでに書いたように各情報に「正解」を付していなければ学習は始まらない。まだ完全自走機ではない。

機械が機械自身を進化させ、シンギュラリティを迎える？

現代段階の深層学習は所詮《しょせん》、機械学習分野の一発明に過ぎず、その成果は限定的というとらえ方と、正真正銘ＡＩ開発のエポックであり、（今すぐではないが）これから世界を大きく変えるという2つの見立てがある。

後者の代表格が東京大学大学院特任准教授の松尾《まつお》豊《ゆたか》氏だ。松尾氏は画像認識でＡＩの能力が人並み以上になったこの現象を、今から5億年ほど前のカンブリア紀に生物が「眼」を獲得し、その後の進化スピードが一気に増したことになぞらえる。

松尾氏によれば深層学習の進展によるＡＩの進歩は「認識」「運動」「言語」の順に起こる。今は認識の初期段階だが、技術が進歩すると認識においては、「警備や防犯」「介護施設や病院での見守り」「顔認証」「日本語の聞き分け」などができるようになる。次の運動に関しては、掘削・揚重といった重機系、溶接・運搬・取り付けといった建設現場系、収穫・選果といった農業系、牛丼の盛り付けや炒飯作りといった調理系、組み立て加工を行う産業用ロボット系といったように、ＡＩの活用が飛躍的に広がる。最後の難関、言語に関しても、あと15年もすれば自動翻訳技術が実用化すると主張する。

その先にある**シンギュラリティ（技術的特異点）**に到達すると、人工知能が自分の能力を超える人工知能を自ら生み出せる時代になるという。そうなると、機械自身が創意工夫して新たな機械を生み出し、機械同士がお互いを修理し、放っておいても社会活動が再生産されていく……とそんな夢物語を語る人たちもいる。

特化型ＡＩから汎用型ＡＩへの進歩には2つのアプローチ

さて、では今後のＡＩ進化は、どのようなプロセスをたどるかについて、最後に触れておこう。

ここまでＡＩは進化したといっても、それはある単一の目的に対して機能を発揮しているだけだ。画像認識、音声認識、翻訳、チェス、将棋、囲碁……などこうした特定分野で機能するＡＩを「**特化型人工知能**」と呼ぶ。

人間が何気なく行っている作業というのは、とても複雑だ。目で見て音声を理解し、そのうえ、多種多様なアウトプットを行う。つまり人間の作業を代替するには、特化型では難しく、多機能対応型のＡＩが必要となる。それを「**汎用《はんよう》人工知能**」と呼ぶ。

この汎用人工知能が開発されるには、まず、人間の脳とほぼ同じ能力を持つＡＩが必要になる。その開発は、現在2つのアプローチで進められている。（図表5）

1つは、**脳を部位に分け、その部位ごとにそれぞれが持つ機能を再現していく**、というアプローチだ。たとえば、海馬、新皮質、基底核……とそれぞれの機能を解明し、1つずつＡＩに組み込む、という方法。これを「**全脳アーキテクチャ**」と呼ぶ。このアプローチでは日本が世界をリードし、２０１３年に「全脳アーキテクチャ」プロジェクトが発足、15年にはそれが「全脳アーキテクチャ・イニシアティブ」という名でＮＰＯ法人化もされた。

モジュール（機能ごとの部品）に分けて開発していくことになるため、このアプローチであれば比較的容易に、汎用人工知能が開発可能である、と言われる。そのため、同法人の研究者は、2030年ごろには原始的な全脳アーキテクチャAIがお目見えすると予測している。あと10年ちょっとの本当に近い未来だ。

ただ、脳は全容が解明されたわけではなく、各部位ごとにもまだまだ見えない機能が多々ある。しかも、それらが多重に錯綜した場合、想定外の副次機能や障害も起こるだろう。そうした部分まで解き明かすのは難しいため、当面の全脳アーキテクチャは、「表面的な主機能」に絞ったAIにとどまる可能性が高い。そんな形で2030年代にまずは全脳アーキテクチャAIの初期型が登場して、順次進化していくことになるのだろう。

もう1つのアプローチは、**脳の最小構成単位にまで遡《さかのぼ》り、神経細胞ネットワークをすべて丸ごとコピーしてしまう**、というものだ。こちらは「**全脳エミュレーション**」と呼ばれる。この仕組みは、脳そのものを作る、ということだ。それは、こうたとえるとわかりやすいだろう。

今までは、薬を開発するときには、薬の薬効を解き明かし、それが、各臓器などの生体内でどんな風に作用するか、ということから類推しながら成分を調整して作っていった。ただ、それでも個人によって、内分泌環境や免疫状態などが大きく異なるた

図表05　これからのAI進化の3段階

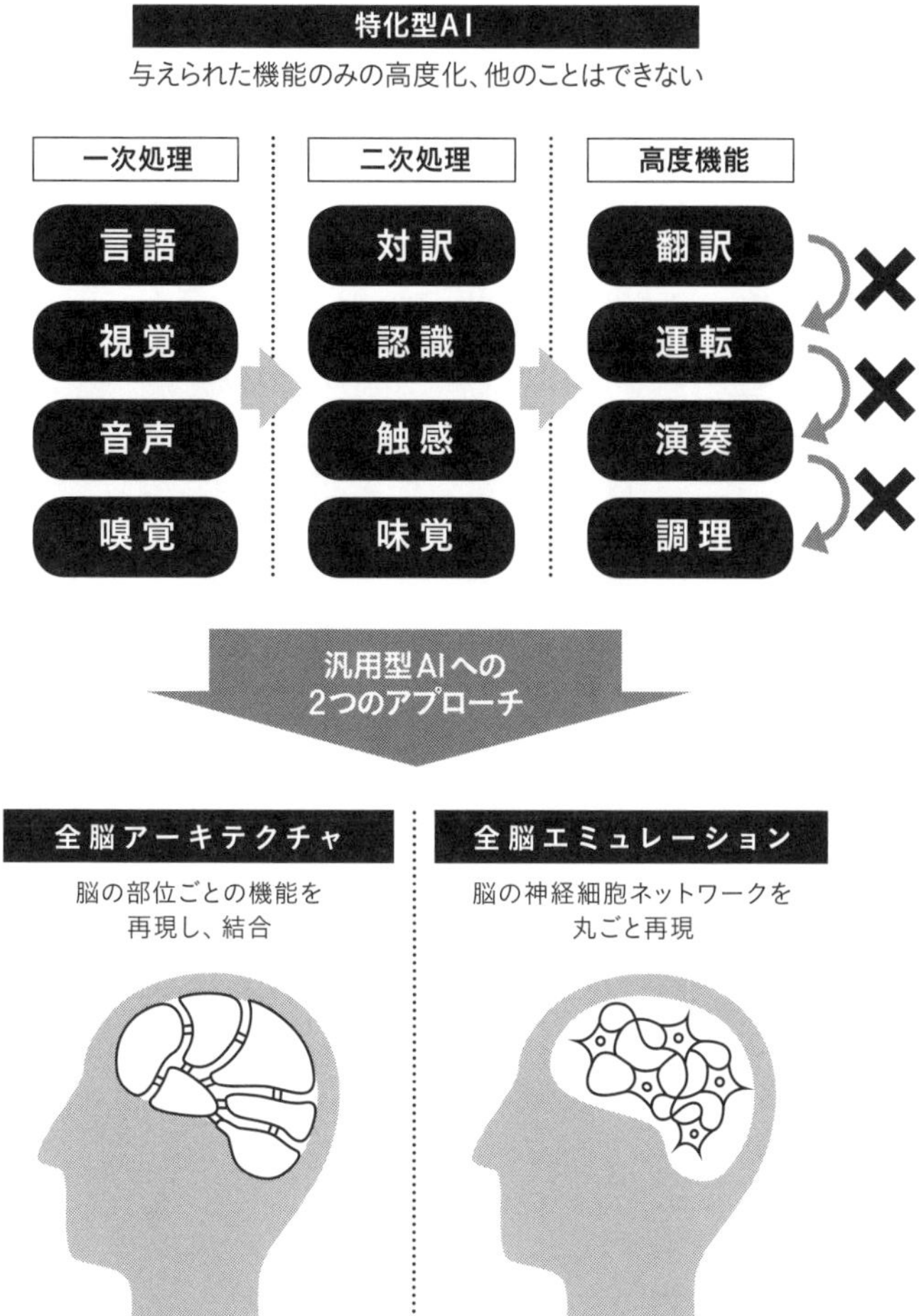

め、薬は人によって効果に差が出る。ところが、最近は遺伝子配列（ゲノム）にまで立ち返り、その情報を解読して、どんな薬なら誰に効くのか、もしくは、将来特定の病気になるのかならないのか、そんなことまでもがスラスラわかるようになっている。前者の旧来型創薬が全脳アーキテクチャ的なものであり、後者のゲノム解読型創薬が全脳エミュレーションだと考えればよいだろう。

全脳エミュレーションから始まるシンギュラリティ

何しろ隙なく脳を再現してしまうのだ。その中には血流の不全なども起きず、1つひとつの細胞レベルでは人間よりもはるかにパフォーマンスの高い「怪物脳」が出現する。それは、歴史上のどんな科学者よりも聡明であり、どんなアーティストよりも機知に富み、どんなリーダーよりも判断に優れているだろう。

この全脳エミュレーションは、全能型といってもよいかもしれない。作曲をするなら、歴史上の名曲をジャンルを問わずすべて頭に入れ、そこから傾向値を導き出し、人々が心地良いと思う旋律を、時代に応じて最適に作曲していくことだろう。それも、彼1人で、クラシックからポップス、演歌、民謡まですべてをこなすことが可能となる。

技術の世界では、新技術の論文も、分野ごとの論文を調べ上げ、そこからあっという間に仕上げていく。それを今度はエンジニアリングに長けた全能ＡＩが、生産ラインに落とし、ライン上にも全能ＡＩが配置されて、人間よりも正確に機器のオペレーションを行い、突発的事故が発生しても、適宜判断をしてつつがなく製造は続けられ、故障修理や器具の改良、治具《じぐ》作りさえ、行われていく。

こうなると、製造関連、販売関連、統括関連、技術関連の各分野の協議も担当の全能ＡＩ同士が行うことになるのだろう。ただ、そこには会議も議事録も不要だ。すべて通信ベースで瞬時に行われ、漏らすところなく各ＡＩに記憶される。もちろん、その媒介のために言葉も要らない。論理把握に優れたマシン語だけで十分だろう。

こんな世界が語られるのだ。

ため息が出る話だが、絵空事ではない。ただし、そのためには、全脳エミュレーションが実現できなくてはならない。そこで重要なポイントになるのは、脳の構造の下敷きとなる**神経系の配線図＝「コネクトーム」の解明**だ。現在でも線虫の一種でそれが解明されている。ただ、線虫のコネクトームは302個のニューロンと6393個のシナプスで構成される単純なものだ。対して人間のそれは、1000億のニューロンと100兆のシナプスとなる。桁違いの複雑さであり、ヒト・コネクトームを解明するのは、まだまだ先と言われている。この分野の第一人者であるプリンストン大学のセバスチャン・スン教授の予想では、ヒト・コネクトームの解明は今世紀末ごろだという。

とすると、全脳エミュレーション型AIが完成するのはさらにその先の次世紀になりそうであり、機械が機械を生み出すシンギュラリティを迎えるのは、私たちの玄孫《やしゃご》世代になりそう。ただ、あれほど難しいと言われた遺伝子配列（ゲノム）が、単細胞の出芽酵母《しゅつがこうぼ》で初めて解明されたたった7年後には、人のそれさえ明らかになったという、予想以上の前例もある。加えていうならば、文部科学省が5年ごとに出す「科学技術予測調査」では、生化学やITの領域では多くの予想が良いほうに外れてもいる。他のアプローチでシンギュラリティに繋がる可能性まで考えると、ひょっとしたら、私たちが鬼籍に入る前に、ここで語ったようなSFの世界が実現しているかもしれない。

SECTION 3

「AIで仕事がなくなる」論の研究価値

機械が考え、感じ、創造する。そんな時代になれば、生身の人が社会参加する機会がほとんどなくなってしまう。そうして食い扶持を失った人間たちには、**政府が基礎的な生計費（ベーシック・インカム）を支給する**ようになる……。

ＳＦのような未来の話を「はじめに」で書いた。ただ、たとえそんな世界がやってくるとしてもそれは相当先の話であり、ここ10年、20年の話ではないともわかった。

ところが、社会では今にも「ＡＩの発達で仕事がなくなる」という良からぬ噂が幅を利かせ始めている。それも、有名大学の研究者や大手シンクタンクがそうした予想を報告書として世に広めてもいる。

確かに、技術の進化は確実に雇用構造に変化をもたらすだろう。ただ、巷間《こうかん》語られる過激な雇用減少論はどこまで正しいのか。以下、この項ではじっくり検証していくことにする。

日本の労働人口の49%がAIによって失業する!?

ＡＩがこのまま進化を遂げ人間並みに賢くなると、世の中のどんな仕事が代替される可能性があるのか、まずは日米の報告書を紹介しながら考えてみたい。

２０１５年12月、野村総合研究所が衝撃的な研究結果を発表した。国内の仕事について自動化可能な確率を試算した結果、**今後20年以内に、労働人口全体の49%がＡＩやロボットによって代替される可能性が高い**、というのだ。

これは、労働政策研究・研修機構が「職務構造に関する研究」で扱っている６０１種類の職業について、それぞれの30程度の特徴（必要なスキルや知識、仕事環境、従事者の価値観など）を数値化したデータを用い、それこそＡＩを使って職業別の代替可能性を算出した内容だ。ただし、これは、技術的な代替可能性を示すだけのものだ。たとえば、労働者の過不足状況や自動化にかかる費用との見合い、などを含めた総合的な判断ではない。

また、職種全体をざっくりと調べた機械代替可能性を調べているに過ぎず、その仕事の中身の「どの部分」が自動化できて、どの部分ができないのか、という精緻《せいち》な調査にはなっていない。たとえば事務という職種を見ても、「数値入力」は簡単に自動化できそうだが、「後輩指導」や「顧客からのクレーム対応」といった機能は、機械では無理だろう。職種・職務というのは様々な課業（タスク）の集まりであり、機械化や自動化を考えるのなら、そのタスクごとに調べていかなければいけない。にもかかわらず、この研究ではそれがなされていないのだ。

これで、**あくまでも「粗い研究」だ**とおわかりいただけたと思うが、そうした理解のうえで、野村総研のレポートでは、具体的にどんな職業の代替可能性が高いのかを、あえて見ておこう。（図表6・7）

事務、経理、人事……ホワイトカラーも危ない

野村総合研究所の上級コンサルタント、上田恵陶奈《えとな》氏は「自動化しやすい職業」の特徴を、

①創造性（芸術性のみならず、抽象的概念を整理、創出することも含む）が不要
②ソーシャルインテリジェンス（他者と協調したり、理解を得るために他者を説得し

たり交渉したりするスキル）が不要
③臨機応変な対応が不要で、マニュアルに記載できるような定型的業務であること

という3点から説明する（『決定版 ビジネスパーソンのための 人工知能 超入門』東洋経済新報社）。

この3条件を頭において、図表6の「代替可能性が高い100種の職業」を見ると、確かにモノを相手にした職業が多い。特に、金属加工・金属製品検査工、金属研磨工、金属材料製造検査工、金属熱処理工、金属プレス工と、「**金属**」**系の仕事**が並ぶ。そして、自動運転の話題がメディアで盛り上がる中、やはりタクシー運転手がリストに挙がっている。

ホワイトカラー系の仕事では、一般事務員、貸付事務員、学校事務員、経理事務員、人事係事務員、生産現場事務員、医療事務員、行政事務員（国）、行政事務員（県）、通信販売受付事務員、貿易事務員、保険事務員、物品購買事務員、郵便事務員といった**事務職種**が並ぶ。これらは③の定型的業務の要素が強いという判断からだろう。

同じ事務系職種でも、管理部門の総合職要員は代替可能性が高いとは判断されてい

図表06　人工知能やロボット等による代替可能性が高い100種の職業

IC生産オペレーター／一般事務員／鋳物工／医療事務員／受付係／ AV・通信機器組立・修理工／駅務員　NC研削盤工／ NC旋盤工／会計監査係員／加工紙製造工／貸付係事務員／学校事務員／カメラ組立工　機械木工／寄宿舎・寮・マンション管理人／ CADオペレーター／給食調理人／教育・研修事務員／行政事務員(国)／行政事務員(県市町村)／銀行窓口係／**金属加工・金属製品検査工／金属研磨工／金属材料製造検査工／金属熱処理工／金属プレス工**／クリーニング取次店員／計器組立工／警備員／経理事務員／検収・検品係員／検針員／建設作業員／ゴム製品成形工(タイヤ成形を除く)／こん包工／サッシエ／産業廃棄物収集運搬作業員／紙器製造工／自動車組立工／自動車塗装工／出荷・発送係員／じんかい収集作業員／人事係事務員／新聞配達員／診療情報管理士／水産ねり製品製造工／スーパー店員／生産現場事務員／製パン工／製粉工／製本作業員／清涼飲料ルートセールス員／石油精製オペレーター／セメント生産オペレーター／繊維製品検査工／倉庫作業員／惣菜製造工／測量士／宝くじ販売人／タクシー運転者／宅配便配達員／鍛造工／駐車場管理人／通関士／通信販売受付事務員／積卸作業員／データ入力係／電気通信技術者／電算写植オペレーター／電子計算機保守員(IT保守員)／電子部品製造工／電車運転士道路パトロール隊員／日用品修理ショップ店員／バイク便配達員／発電員／非破壊検査員／ビル施設管理技術者　／ビル清掃員／物品購買事務員／プラスチック製品成形工／プロセス製版オペレーター／ボイラーオペレーター／貿易事務員／包装作業員／保管・管理係員／保険事務員／ホテル客室係／マシニングセンター・オペレーター／ミシン縫製工／めっき工／めん類製造工／郵便外務員／郵便事務員／有料道路料金収受員　レジ係／列車清掃員／レンタカー営業所員／路線バス運転者

図表07　人工知能やロボット等による代替可能性が低い100種の職業

アートディレクター／アウトドアインストラクター／アナウンサー／アロマセラピスト／犬訓練士／医療ソーシャルワーカー／インテリアコーディネーター／インテリアデザイナー／映画カメラマン／映画監督　エコノミスト／音楽教室講師／学芸員／学校カウンセラー／観光バスガイド／教育カウンセラー／クラシック演奏家／グラフィックデザイナー／ケアマネージャー／経営コンサルタント／芸能マネージャー／ゲームクリエーター／外科医／言語聴覚士／工業デザイナー／広告ディレクター国際協力専門家／コピーライター／作業療法士／作詞家／作曲家／雑誌編集者／産業カウンセラー／産婦人科医／歯科医師／児童厚生員／シナリオライター／社会学研究者／社会教育主事／社会福祉施設介護職員／社会福祉施設指導員　獣医師／柔道整復師／ジュエリーデザイナー／小学校教員／商業カメラマン／小児科医／商品開発部員　助産師／心理学研究者／人類学者／スタイリスト／スポーツインストラクター／スポーツライター／声楽家／精神科医／ソムリエ／大学・短期大学教員／中学校教員／中小企業診断士／ツアーコンダクター／ディスクジョッキー／ディスプレイデザイナー／デスク／テレビカメラマン／テレビタレント／図書編集者　内科医／日本語教師／ネイル・アーティストバーテンダー／俳優／はり師・きゅう師／美容師／評論家／ファッションデザイナー／フードコーディネーター／舞台演出家／舞台美術家／フラワーデザイナー／フリーライター／プロデューサー／ペンション経営者／保育士／放送記者／放送ディレクター／報道カメラマン／法務教官／マーケティング・リサチャー／マンガ家／ミュージシャン／メイクアップアーティスト／盲・ろう・養護学校教員／幼稚園教員／理学療法士／料理研究家／旅行会社カウンター係／レコードプロデューサー／レストラン支配人／録音エンジニア

※50音順、並びは代替可能性確率とは無関係　※職業名は、労働政策研究・研修機構「職務構造に関する研究」に対応
「株式会社野村総合研究所 2030年研究室 2015年12月2日発表」より

ない。それは、②のソーシャルインテリジェンスが不可欠との判断に基づくと考えられそうだ。

一方「代替可能性が低い１００種の職業」には、クリエイター系の仕事や高度専門技能をもとにした推論が必要な仕事、そして、対人（生き物を含む）関係が重要となる非定型業務が挙がっている。

なくなる仕事を水増し？

それにしても、このラインナップには少し、違和感が湧かないか？　「なくなる仕事」には多数の仕事がラインナップされているように見えるが、よく見ると、金属加工や事務など一部の仕事が細分化されて並んでいるだけなのだ。一方、「残る仕事」は、アートディレクターやアナウンサーなど、大くくりの職種ばかりになる。たとえば、アナウンサーなら、報道アナウンサー、バラエティＭＣ、情報番組キャスター、天気予報キャスター、司会業など、いくらでも細分化できるだろうが、それはなされていない。**「なくなる仕事」を多く見せ、「残る仕事」を少なく見せる意図があった**のでは、とうがった見方もしたくなる。

実際には、この分類は、公的な職業体系をそのまま使っており、野村総研にはそこまでの「悪意」はなかったのだろう。ただ、公的な職業分類は他にもあり、また転職ナビサイトなどにはもっと今流の職業分類が掲載されている。そうしたものがあるにもかかわらず、あえてこの時代がかった「製造・建設・事務」ボリュームが大きい分類を使ったのは、やはり何かしら意図があったのかもしれない。

表面的な印象で見た職種分類

さらに、再度言わせてもらうが、ここでいう**代替可能性は、職種の詳細までは立ち入らない外形的評価のため、単純化し過ぎ**の感がある。たとえば、「代替できない仕事」に含まれる「マンガ家」も、そのアシスタントのベタ（黒塗り）・ホワイト（白塗り）担当などは代替が容易だろう。また「代替される仕事」に入る事務職群も、最近は業務の高度化が図られ、総合職新人への一次教育役や、顧客からのクレーム対応を受けているケースも多い。金属加工に代表される製造スタッフも、単純作業はすでにその多くが海外移転しており、国内に残存した業務は、折衝《せっしょう》や企画などホワイトカラー的要素が課されていたりもする。

このように見てくると、ビジネス誌の特集などで騒がれた野村総研のこのレポートは、かなり粗いと言わざるをえないだろう。

やはり、2013年に発表されて一世を風靡《ふうび》したオックスフォード大学のフレイ&オズボーン（こちらでは「9割の仕事が代替される！」という）の「将来なくなる雇用」を模して、日本版を急づくろいした感が否めないところだ。

個別タスクで代替可能性を調べたマッキンゼー調査

一方、アメリカのコンサルティング会社、マッキンゼー・アンド・カンパニーの研究部門、マッキンゼー・グローバル・インスティテュートが2017年1月に出したレポート「未来の労働を探求する：自動化、雇用そして生産性」はもう少し精度の高い内容となっている。こちらは、800以上の職業における2000以上の具体的な作業活動（タスク）を分析しているからだ。代替可能性を個別のタスクごとに分析すべし、という先ほどからの指摘が十分なされている。（図表8）

同調査によれば、**すべてが自動化の対象となる職業は全体の5％未満と非常に少ないが、およそ60％の職業では、少なくとも3割程度のタスクが技術的に自動化可能**と

図表08　アメリカの産業ごとの作業活動と自動化の可能性

円の大きさはアメリカの職業で費やされる時間の割合を表す　10 円の下の数字は自動化の可能性(%)を表す

産業ごとの作業活動	管理	専門知識	接触	予測不能な身体活動	データ収集	データ処理	予測可能な身体活動	自動化の可能性(%)
宿泊・飲食業	30	40	50	10	8	100	100	73%
製造業	10	20	20	40	80	70	90	60%
輸送・倉庫業	30	40	40	40	80	90	70	60%
農業	10	40	40	50	90	80	90	57%
小売業	10	50	10	40	80	80	90	53%
建設業	20	20	30	40	80	80	90	47%
卸売業	10	30	20	40	80	70	80	44%
金融・保管業	10	20	20	20	60	80	100	43%
芸術・エンターテイメント・娯楽	20	30	30	20	70	80	90	41%
不動産業	10	30	30	20	70	80	80	40%
医療・社会福祉	10	20	20	20	60	80	60	36%
情報関連	10	20	20	40	70	60	80	36%
専門職	10	20	20	30	60	60	70	35%
経営	10	20	20	30	60	60	80	35%
教育サービス	10	20	20	30	60	80	70	27%

※Mckinsey Global Institute(2017)を基に作成

いう。

同レポートは、仕事におけるタスクを7つに分類する。

①人材管理・育成
②専門知識を意思決定、プランニング、クリエイティブな仕事に活用
③ステークホルダーとの接触
④予測不可能な環境で身体活動を行って機械を操作
⑤データ収集
⑥データ処理
⑦予測可能な環境で身体活動を行って機械を操作

の7つである。このうち、自動化されやすいのが⑤⑥⑦の3つとなる。その構成割合は各産業の職業によってまちまちであるから、自動化の可能性は産業ごとに濃淡が生じるという。

それでもこの予測さえ、やはり万全とはいえない。これも、要素的に自動化が可能

か見たものであって、それが**コスト的に見合うかどうかの検討はなされていない**からだ。結局、企業が人手を機械に代えるか否かは、費用対効果が一番大きい。がしかし、そこに立ち入ると、推測は非常に困難になる。だからどの調査もコストを外す。ゆえに、大層な出で立ちながら、空疎な中身となっているのだ。

SECTION 4

世紀の発明による社会変化と雇用への影響

ここから先は、予測ではなく、過去を振り返ることにする。

歴史上、雇用を揺るがすような一大エポックが何度も発明された。それは、その後、どのような経緯を経て、実際に雇用に影響を及ぼしたか。そのダイナミズムをまずは20世紀前半までのところでとらえる。ここでの結論は「**社会は富み、そして雇用も増えた**」。

後半では、20世紀末から現在に続くＩＴという一大発明を題材にする。ＩＴ浸透の中では、「**雇用は二極化し、格差が広がった**」。そう、過去とは異なる雇用への影響が生まれている。この流れの中にＡＩというＧＰＴも含まれるのか。そこを考えていく。

ＧＰＴの社会浸透プロセス

社会活動全般を大きく変革させるような一大発明を「**汎用目的技術**（ＧＰＴ／

General Purpose Technology）」と呼ぶ。18世紀の産業革命における蒸気機関などがそれに当たるだろう。こうしたGPTが発明されても、それを取り入れるためには組織変革や周辺技術開発などの準備期間が必要となる。だから即、事業に波及はせず、数年のタイムラグが生じる。

しばらくして、ある分野でようやくGPTの活用が板につくと、今度はそれを別の分野にも転用するための応用研究が盛んになり、加速度的に普及していく。たとえば、蒸気機関は当初は力織機の動力として用いられたが、その後、製造機械や移動機関、建設機械にまで瞬く間に広まっていった。「0から1」は時間がかかるが、「1から10」はスムーズに進むということだろう。この急激な浸透を「**肩車効果**」と呼ぶ。つまり、巨人（最初の成功）の肩に乗った瞬間、次々視界が開ける（応用先が見つかる）という意味で、「肩車効果」と呼ばれるのだ。

その後しばらくすると、GPTが各所にいきわたり、生産性のアップや経済の拡大が終焉を迎える。こちらは「**取り尽くし効果**」と呼ばれる。この「GPTと生産性の上昇（＝経済の拡大）」を模式化したものが図表9となる。

簡単にまとめるなら、**革新的技術と生産性の拡大は「GPT登場→停滞期（生産性**

のパラドックス）→肩車効果→取り尽くし効果→終焉（ポストモダン）」という流れとなる。

この各段階で雇用や世相がどのように変化していくかを次に見ていくことにしよう。

GPTが雇用に及ぼす多段階的な影響

最初の停滞期では、GPT受け入れのために、企業内部で様々な変化が生じる。組織変革、業務変革などがそれに当たる。この過渡期には、従来の製造方法を維持したままで、新たな業務開発を行うために、企業はダブルコストを強いられることになる。そのため一時的に「投資費用」がかさ

図表09　GPTと生産・雇用のダイナミズム

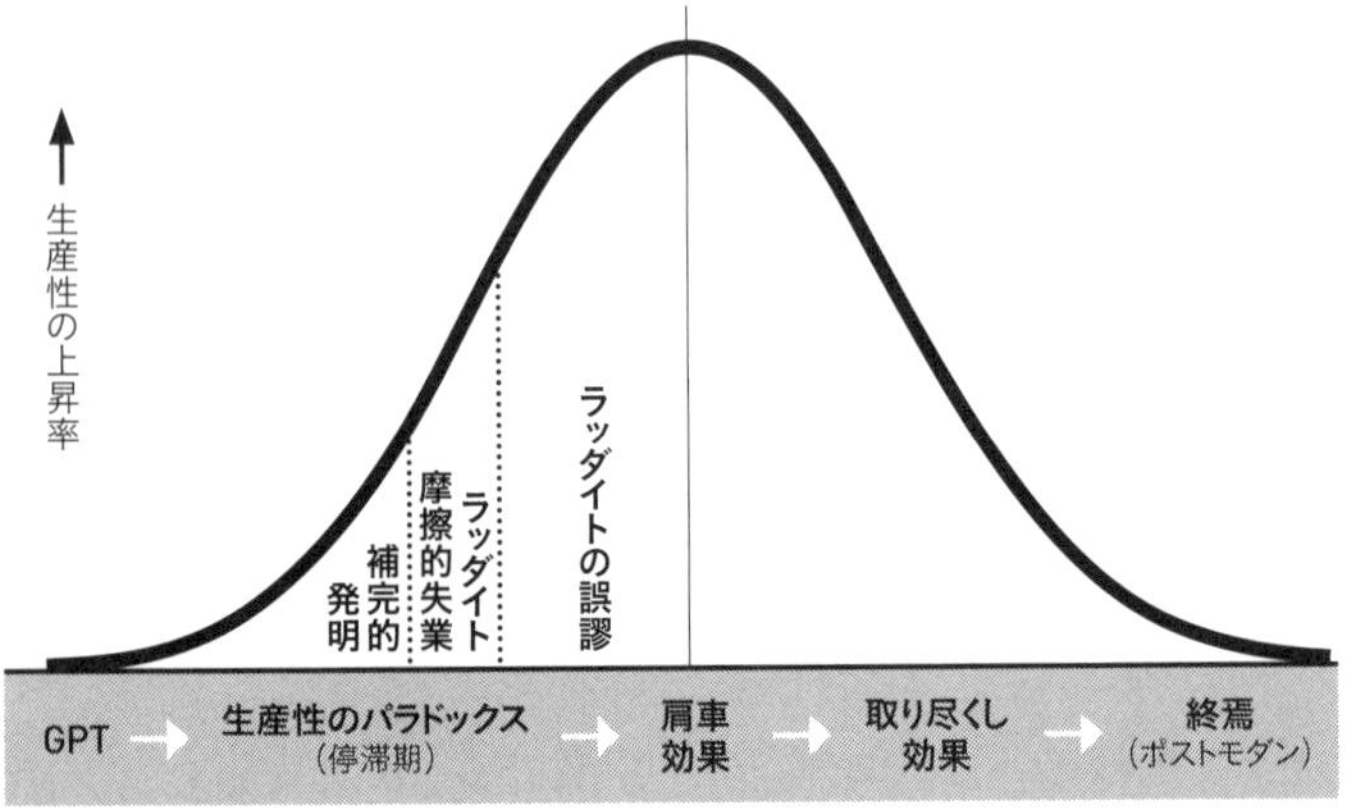

んで、生産性は停滞する。こんなことからGPT登場から数年間の停滞を、「**生産性のパラドックス**」と呼ぶ。

続いて、応用研究が進んで、各分野で受け入れ態勢が整うと、GPTおよびその導入コストが劇的に下がっていく。結果、旧来の労働者を解雇して、その解雇保障（スイッチングコスト）を支払っても、まだGPT導入が有利、という状況に至る。この時点で多くの企業は、GPT導入に踏み切る。それによりリストラされた旧来従業員は、新技能習得のための訓練や、仕事を探す期間などが必要となり、その間、失業者となる。これを「**摩擦的失業**」と呼ぶ。こうして一時的に雇用不安が巻き起こる。

摩擦的失業が多発する時期には、「機械の進化がわれらの食い扶持を損じた」と反発が増し、「**ラッダイト（打ちこわし＝反対運動）**」が起きる。この状態が続くと、社会不和が昂進《こうしん》することになるだろう。

だが一方で、GPTの浸透は社会全体を豊かにしていく。たとえば、力織機の普及により洋装品は劇的に値下がりし、販売量が格段に増えた。そのため、各所で機械工が新たに必要となる。この新たな機械工は、かつてのような熟練職人である必要はなく、雇用の間口が広がる。さらに、普及した洋服にコーディネートする靴や帽子も、今までより売り上げが増えていく。だから、その製造工や販売員も必要になる。もちろん、その分野でもGPTがじきに取り入れられるので、靴も帽子も安くなる。加えて、力織機の操作法を教えるトレーナーや、力織機のメンテナンス要員なども必要になる。

こうして多くの失業者は、新たな職にありつけることになる。直前まで反感の対象だったGPTが、一転して今度は幸せの源泉となっていく。こうした手のひら返しの状態を「**ラッダイトの誤謬《ごびゅう》**」と呼ぶ。

AIも同じ流れとすると……

AIという今世紀初のGPT登場で、社会には今、動揺が生じている。それは一部に過剰な期待を生み出し、同時に滑稽《こっけい》なほどの恐怖をも創出している。

ただ、今回のAI普及場面でも、やがて生産性のパラドックス（停滞期）を脱し、ラッダイト、そして肩車効果、その絶頂でのラッダイトの誤謬、さらには、取り尽くし効果へと歩を進めていくと考えるのが自然だろう。

AIの進化については、セクション2で触れた通り、特化型AI→全脳アーキテクチャ型ＡＩ→全脳エミュレーション型ＡＩと、この先、三段ロケットのように不連続な進化を遂げると見込まれている。そのどれもが新たなＧＰＴだと見立てれば、**１つの技術で取り尽くしが起きるころ、次のＧＰＴが生まれ、雇用拡大サイクルが長期にわたり続く**と見立てることもできる。

だとすると、過度な不安や期待で一喜一憂する前に、まずは、この３つのエポックがどの程度のタイムスパンで生まれるのかと、そのタイムスパンに応じた対応を考えることが重要だろう。

20世紀末からの雇用環境の変化

さて、こうした過去の「ＧＰＴと雇用のダイナミズム」に対して、20世紀終盤以降は、少し様相が異なるという研究が最近幅を利かしている。技術の振興にしたがい雇用も所得も伸びる、というバラ色ではなく、**確かに雇用こそ減りはしないが、所得については格差が増大している**、というものだ。

マサチューセッツ工科大学（ＭＩＴ）のダロン・アセモグル教授によると、１９８０年代以降、アメリカでは労働者の賃金格差が拡大し続けているという。その理由を数式で示したのが、**「スキルプレミアムモデル（SBCT理論）」**と呼ばれる。

アメリカでは同時期に、大学進学率が上昇して大卒者が増え、企業は彼らの仕事がより生産性を上げるような技術開発に重点を置いた。そのため、大卒者が多く働く分野では生産性が上がった。

一方、それ以外の分野では投資が削られ、技術革新が停滞した。そのことで、高学歴者が働く分野では生産性増＝給与アップ、それ以外の分野では、生産性が停滞し、よって給与格差が広がったという。（図表10）

この根底には、「企業は入手しやすい財に向けて投資を行い、それが生かせるよう

図表10　アメリカにおける賃金格差の推移

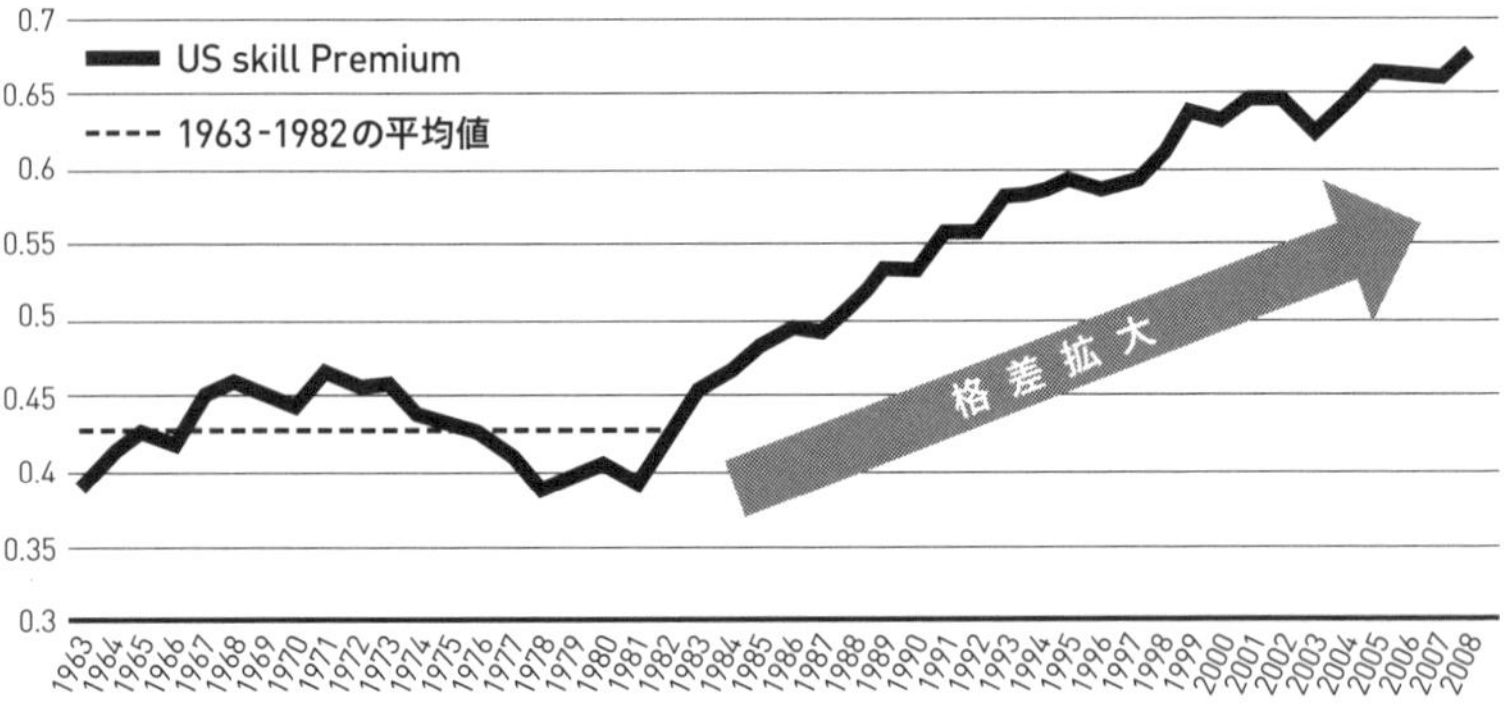

アメリカでは、1980年代から労働者のスキルの差によって、賃金格差が拡大している。

※Acemoglu and Autor (2011) を基に作成

に進化する」という考え方がある。たとえば、１９６０年代に企業のエネルギー需要は石炭から石油に大きく移行し、生産システムもそれに応じて変化した。同時期は明らかに、石炭よりも石油のほうが入手しやすかった（安かった）ことがその理由といえる。同様に、１９８０年代以降、大卒者が増えたため、企業はそうした人的資源を有効活用する方向へと進化した、というのだ。

ただし、**このモデルでは１９９０年代以降に起きている「高所得者のみならず、低所得者も増加し、一方、中所得者のみが減少している」現象については説明ができない。**

雇用の二極化とタスクモデル

そこで、アセモグルの共同研究者であるオーター、レビー、マーネン（Autor、Levy、Murnane）が打ち出したのが「**タスクモデル**」**理論**だ。彼らの研究で、定型業務（ルーティン）と非定型業務（ノン・ルーティン）では、前者はＩＴ技術の浸透とともにコンピュータに代替されていくことが証された。その結果、世の中の人手はノン・ルーティンな仕事に寄せられることになるが、こちらは、高給な抽象ワークと、低報酬な手仕事に分かれる。

この**高給と低給、両方のノン・ルーティンワークが増えたため、所得の二極化現象が起きた**、というのだ。この研究は3者の頭文字をとってALMモデルと呼ばれる。追随研究は先進各国で行われ、概略では多くの国で同様の結果となった。（図表11）

日本では池永肇《とし》恵《え》氏の研究が有名で、全体傾向としてはALMモデルと同様な結果となった。ただし、日本ではルーティンタスクであるはずの事務職が増加し、ノン・ルーティンであるはずの手仕事が減少する、など局所的に相違が見られたという。

図表11　アメリカにおける雇用の二極化

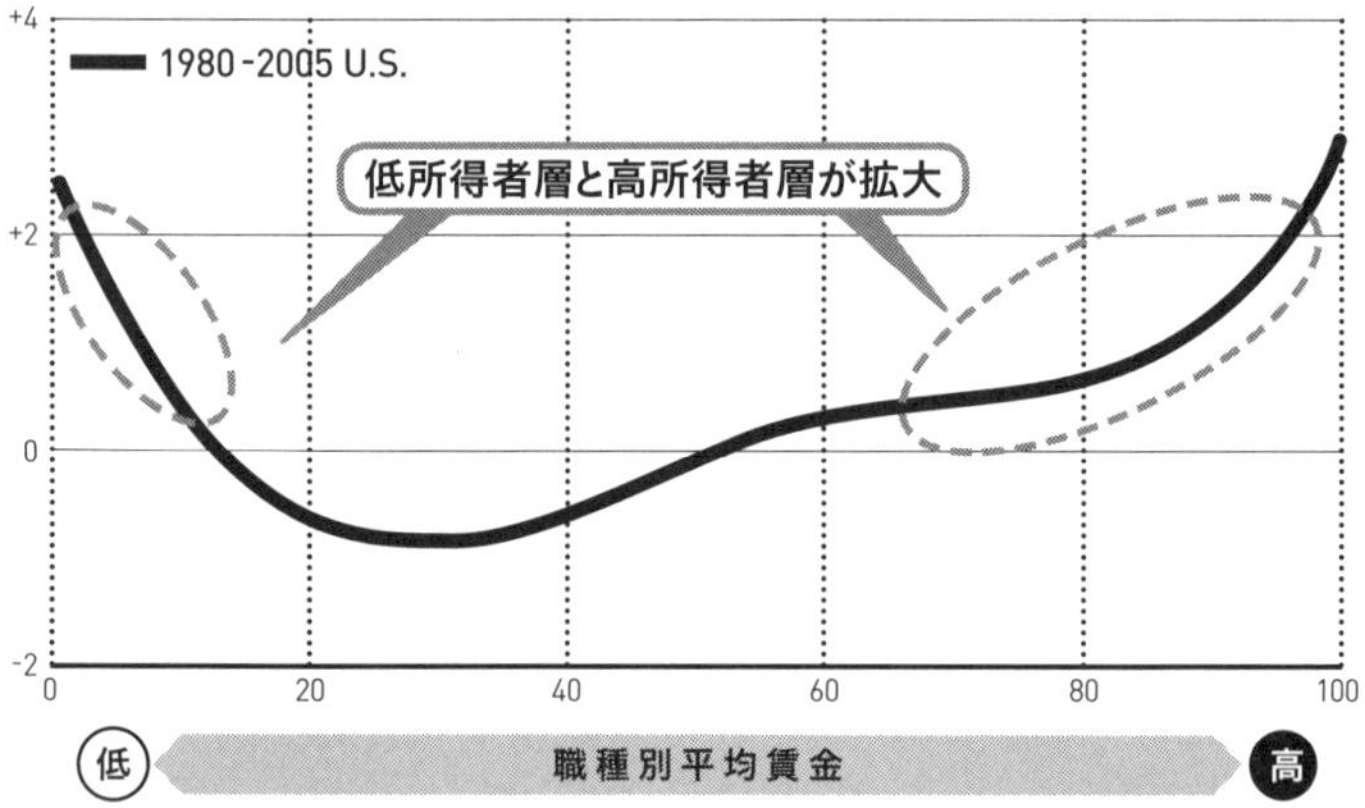

※Autor and Dorn（2013）を基に作成

雇用の実情からは全く異なる解説も可能

さて、最後に、ここまでのマクロ分析と、雇用現場の実情を照らし合わせてみることにしよう。

まず、この30年間には、技術革新やＩＴ代替よりもっと大きな雇用構造を変えたファクターが存在している。それが、**途上国への工場移転（空洞化）**と、もう１つは、**自営業の敗退→大規模資本によるチェーン店化**だ。

アメリカでは前者が主に１９８０年代に起こり、後者が90年代以降、顕著となった。前者については、一方的な雇用流出であり、それは製造業従事者の減少につながった。そして、国内に残った製造業では、海外の安い労働単価に合わせて賃下げが起きた。アセモグル教授の「**所得格差拡大かつ低所得者の増加**」論**の背景は、空洞化だった**と見て取れる。

対して90年代は複雑だ。かつての自営業は事業主（＝経営者）であり賃金労働者（雇用者）ではない。そのため、自営業が敗退しても統計上、雇用者は減らない（経営者が減るだけ）。代わって、大規模チェーンが広まれば、そこで雇用される低賃金労働者は増加する。その結果、90年代以降は低賃金なチェーン店従業員が増え、二極化が起きた。そう、**自営業→チェーン店員のトレードオフに過ぎない**と読み取ることもできるだろう。

このように、**80年代の雇用構造変化も90年代のそれも、ＩＴや技術革新とは関係なかった**、とうがった見方をすることも可能なのだ。

雇用の世界は複雑な要素が絡み合い、一筋縄ではいかない。理論的な傾向とは別に、社会全体で何が起きたかというマクロ的な背景、それとは逆に、現実の仕事や労働需給、代替費用などのミクロ的事情、この両方を交えて考えていかなければならないだろう。

さすがに、マクロ的な社会動態で今後を予測することは難しい。が、ミクロ的な仕事の現実は探ろうと思えば探ることは可能だ。そこで次章以降ではその部分を細かく見ていくことにしたい。

SECTION
5
プロが見たAI亡国論の妥当性

ＡＩの進化は過去のＧＰＴと同じように、多段階で雇用を変化させるが、最終的には社会を豊かにして人々の雇用を増やし、賃金も上昇させることになるのか。それとも20世紀末以降続く、「勝ち組」、「負け組」の二極化構造を作るのか。はたまた、負け組さえも生み出さず、「勝ち組」以外は路頭に迷うことになるのか。

昨今話題となっている日米の煽情的なレポートからは、３つ目の選択肢が想起され、先行きの不安が増幅されている。この点について、労働経済の専門家である**慶應義塾大学の山本勲《いさむ》教授**に、プロとしての評価を語ってもらった。

●山本勲氏　慶應義塾大学商学部教授
1993年慶應義塾大学商学部卒業。95年慶應義塾大学大学院商学研究科修士課程修了、日本銀行入行。2003年ブラウン大学大学院経済学部博士課程修了。05年日本銀行金融研究所企画役、07年慶應義塾大学商学部准教授を経て、2014年より現職。著書に『労働経済学で考える人工知能と雇用』(三菱経済研究所)、『実証分析のための計量経済学』（中央経済社）、『労働時間の経済分析』（共著、日本経済新聞出版社）。

実務には明るくない研究者の「勘」がベース

海老原　フレイ&オズボーンの論文について、どのような価値があったとお考えですか？

山本　**今後10年から20年で、アメリカの702職種の雇用のうち、47%がAIによって置き換わってしまう**――オックスフォード大学のフレイとオズボーンが2013年に発表した論文「雇用の未来」の主張は衝撃的でした。日本でも各メディアで紹介され、ビジネス各誌がこぞって大々的な特集を組んだほどです。

多くの人が自分の仕事はどうなるのかと心配になり、結果的にAIという新しいテクノロジーの存在を世の中に知らしめたという功績はあると思いますが、一方で、その**数字だけが独り歩きし、疑心暗鬼を煽ってしまった**面も否めません。

ただ、この時点での彼らの論文は留意すべきことが多くあるというのが私の印象です。

海老原　この推論はどのような手法でなされたものか、お教え願えませんか。

山本　彼らの研究手法は、アメリカの代表的な70の職種を取り上げ、それぞれについて、機械学習の研究者に、「AIやロボットへの置き換えが可能か否か」を〝主観的に〟予測してもらうことが基本になっています。その70職種の職務内容を要素分析して、そこから全職種を類推するという方法です。

海老原　具体的にはどのようなアプローチを取ったのでしょうか。

山本　以下、3つのプロセスでお話しいたしますね。

〈1〉「ビッグデータの利用を条件とし、この職業のタスクはコンピュータで制御された機器で十分に遂行できるようになるか」という問いを機械学習の研究者に投げかけ、その回答をもとに、彼らは完全にそうなるという職業に1、それ以外の職業に0を割り当てました。（図表12）

ここは技術に詳しい専門家による単なる主観的な代替予想に過ぎません。

〈2〉次に彼らはアメリカの職業データベース「O＊NET」（Occupational Information Network）を活用します。そこでは900以上の職業について、「創造的な思考」「機械・機器の制御」「車両の運転操作」といった業務（タスク）の特性が指標化されています。これによって職業ごとのタスクが特定できるわけです。

先ほどの70の職業について、この「Ｏ＊ＮＥＴ」を用いてタスク要素を特定し、それぞれにつき、「認識・操作性（Perception and Manipulation）」「創造知性（Creative Intelligence）」「社会知性（Social Intelligence）」という3つのスキルがどの程度必要になるかを数値化しました。彼らはこの３つの要素が強い職業ほどＡＩによって代替されにくいと考え、代替の難易度の鍵を握るのがこの３つのスキルだという仮説を立てたのです。

〈3〉続いて、先の研究者たちによる70職業の主観的なＡＩ代替可能性と、３つのスキル変数の関係をパラメータ化し、残る６３２の職業についても同じパラメータを適用して代替される確率を予測しました。

海老原　この推測はどこに問題があるのでしょうか。

山本　まず第一に、推測のコア材料である**70の職業の代替可能性については、客観的なデータではなく、機械学習の研究者の「主観」に頼っている**ことです。彼らはＡＩやロボットに関する知識は豊富でしょうが、それぞれの職業については素人同然です。その仕事の具体的な中身については通り一遍の知識しか持っていないでしょう。見せられた職業名からのみ判断し、これは可能これは無理、と恣意《しい》的ともいえる判断を下

図表12　フレイ&オズボーンが抽出した70職業と評価

Occupation	Label	Occupation	Label
Physcians and Surgeons	0	Bus Drivers,Transit and Intercity	1
Devtists,General	0	Light Truck or Delivery Service Drivers	1
Socilal and Community Service Mannagers	0	Maids and Housekeepng Cleaners	0
Preschool Teachers,Except Special Education	0	Civil Engineering Technicians	1
Clergy	0	Dishwashers	1
Registered Nurses	0	Hunters and Trappers	0
Marriage and Familiy Therapists	0	Cooks,Fast Food	1
Chief Exectivws	0	Electrical and Electronics Drafters	1
Education Administrators	0	Sheet Metal Workers	1
Civil Engineers	0	Meter Readers,Utilities	1
Fashion Designers	0	Computer-Controlled Machine Tool Operators,Metal and Plastic	1
Substance Abuse and Behavioral Disorder Counselors	0	Paking Lot Attendants	1
Lawyers	0	Medical Transcriptionists	1
Meeting,Convention,and Event Plannners	0	Technical Writers	1
Landscape Architects	0	Sewing Machine Operators	1
Healthcare Practioners and Techinical Workers,All Other	0	Taxi Drivers and Chauffeurs	1
Compliance Officers	0	Human Resources Assistanta,Except Payroll and Timekeepng	1
Childcare Workers	0	Tax Examiners and Collectors,and Revenue Agents	1
Chefs snd Head Cooks	0	Industrial Truck and Tractor Operators	1
Electrical Engineers	0	Accountants and Auditors	1
Physicists	0	Waiters and Waitresses	0
Hairdressers,Hairstylists,and Cosmetolosists	0	Couriers and Messengers	1
Concierges	0	Paralegals and Legal Assistants	1
Athlets and Sports Competitors	0	Electorical and Electronic Equipment Assemblers	1
Zoologists and Wildlife Biologists	0	Switchboard Operators,Including Answering Service	1
Plumbers,Pipefitters,and Streamfitters	0	Gaming Dealers	1
Flight Attendants	0	Farm Labor Contractors	1
Surveyors	1	Cashiers	1
Judges,Magitrate Judges,and Magistrates	0	File Clerks	1
Judical Law Clerks	1	Credit Authorizers,Checkers,and Weighers	1
Economists	0	Claim Adjusters,Examiners,and Investigators	1
Cost Estimators	1	Credit Analysts	1
Transportation､Storage,and Distribution Manager	0	Loan Officers	1
Market Research Analysts and Marketing Specialists	1	Data Entry Keyers	1
Motoaboat Operators	1	Insurance Underwriters	1

※Frey and Osborne (2013)を基に作成

した可能性も否めません。

続いて、彼らの判断はあくまでも「代替できるかどうか」であり、**代替コストなどは考慮されていません。**技術的に可能であっても、その価格やスイッチングコストが賃金よりも高かったら経営者は労働者をそのまま雇い続けます。そうした面を考慮せず、彼らは「技術的な代替可能性」のみを算出したのです。

雇用創出や働き方改善などメリット面には触れていない

海老原　ＡＩの進展は、雇用喪失だけではなく、新たな雇用が生み出される可能性もありませんか。

山本　はい。そこもこの論文の問題といえるでしょう。ＡＩによって生産性や実質所得が上昇し、経済成長が起これば、経済全体のパイが拡大して労働需要が増加することは容易に予想できます。

ＡＩの普及によって雇用創出される仕事としては、

①ＡＩ自体を設計、開発、製造する仕事

②ＡＩを社会や企業内に広く普及させる仕事

③ＡＩの活用による経済成長が生み出す仕事

が考えられます。具体的な職名を挙げれば、①に関してはエンジニア、コンサルタント、データサイエンティスト、デザイナー、アーキテクトなど、②についてはインストラクター、コンサルタント、（ＡＩの）管理運用者などです。③に関してはそれこそＡＩに代替されない、あらゆる職業で生まれるでしょうが、①②に比べて実現する時期が遅くなることが予想できます。

ちなみに、①②は補完的労働需要、③は波及的労働需要と呼ばれます。

海老原　他にも雇用に及ぼす好影響は考えられませんか。

山本　雇用者の負荷やストレスを軽減したり、人手不足を補ったりといった、働き方改革という面でもＡＩ導入によるプラス効果が期待できます。

海老原　フレイ＆オズボーンと同様な推論方法で後続論文は出ておりますか。

山本　２０１３年に発表されたこの論文はオックスフォード大学のマーティン・スクールという研究所のプロジェクトの一環として執筆され、同研究所ホームページにアップされたものです。その後、専門家からの査読を受け、２０１７年１月、〝Technological Forecasting and Social Change〟というアメリカの学術雑誌に掲載されました。この他、私の知る限りでは同じやり方で日本の職業の代替可能性を探った研究が少なくとも2つ、発表されています。

海老原　ＡＩによる雇用代替がどう進むか、メカニカルに説明いただけますか。

山本　この問題を考察する手がかりとなるのが**タスクモデル**です。タスクという言葉は慣れていない人にはわかりづらいので、説明をしておくことにいたします。私たちが従事する仕事（職種）は、様々な日々起きる小さな作業の集合であります。この**小さな作業の最小単位をタスク（課業）**と呼びます。

これらタスクがどのような種類のものなのか、を分析し、さらに職種ごとにタスクの種類とそれぞれの分量を算出して、「その仕事の中身はどう分解されるか」ということを示したのがタスクモデルです。この分析を使うと、ＩＴ化やＡＩで代替できるかどうか、も見えてきます。

海老原　どのような分析なのか、具体的に教えてください。

山本　タスクモデルの代表格であるマサチューセッツ工科大学のオーター教授らによるＡＬＭモデル（先のフレイ&オズボーン論文もこのＡＬＭモデルを活用）では、タスクを以下の基準で分けています。

◎ルーティン（決められた仕事）か、ノン・ルーティンか。
◎分析・相互タスク（判断や対人折衝などが入る仕事）か、手作業か。

この分類によれば、ノン・ルーティンタスクよりルーティンタスクのほうがＩＴ化によって代替されやすくなります。これを **Routinization 仮説**といいます。

ＡＬＭモデルの提唱者、オーター、レビー、マーネンの３人はアメリカの職業データベース「Ｏ＊ＮＥＴ」を用いて、アメリカで雇用の二極化、つまり、賃金が高い高スキル職種と賃金が安い低スキル職種の両方の雇用シェアが高まっている現象をうまく説明しました。

彼らによれば、ＩＴ技術でルーティンタスクを代替することが可能になったので、ルーティンタスクに従事していた中スキルタスク労働者の需要が減り、ノン・ルーティンな手仕事に従事する労働者（低賃金）とノン・ルーティンの分析・相互タスクに従事する労働者（高賃金）の需要が高まったというわけです。

日本社会の特殊性の中で、将来をどう展望するか

海老原　この Routinization 仮説が日本にも当てはまりますか。

山本　まず、図表13を見てください。これは総務省の「国勢調査」をもとに、日本における6つの職種の構成比が過去30年間でどのような変化を遂げたかを数値化したものです。参考までに、期間の切り方は異なるものの、アメリカの数値も載せてあります。

これを見ると、日本もアメリカと同様に、生産工程・労務作業職などのルーティンタスク系職業のシェアが低下する一方、専門・技術職やサービス職などのノン・ルーティンタスク系職業のそれが高くなっていることがわかります。日本でも「雇用の二極化」が進行しているのです。特にノン・ルーティンタスク系のうち、手仕事タスクの多いサービス職と、分析・相互タスクの多い専門・技術職が増加しているところに着目すると、Routinization 仮説が日本にも当てはまると考えていいでしょう。

海老原　ルーティンタスクのほうがよりＩＴ化、ＡＩ代替化が進みやすいのはわかりました。では、そのルーティンタスクが日本にはどのくらい残っているのでしょうか。

山本　それがわかるかっこうの研究があります。北米、欧州、アジア各国のルーティンタスクの相対量を国際比較したDeLaRica and Gortazar（２０１６）です。（図表14）

22ヵ国中、ルーティンタスクが相対的に多いのは韓国で一番少ないのがアメリカ、日本は22ヵ国中4番目に多くなっています。アメリカで値が低いのは、すでにＩＴ化

図表13　職種別の雇用シェアの長期的変化：日米比較

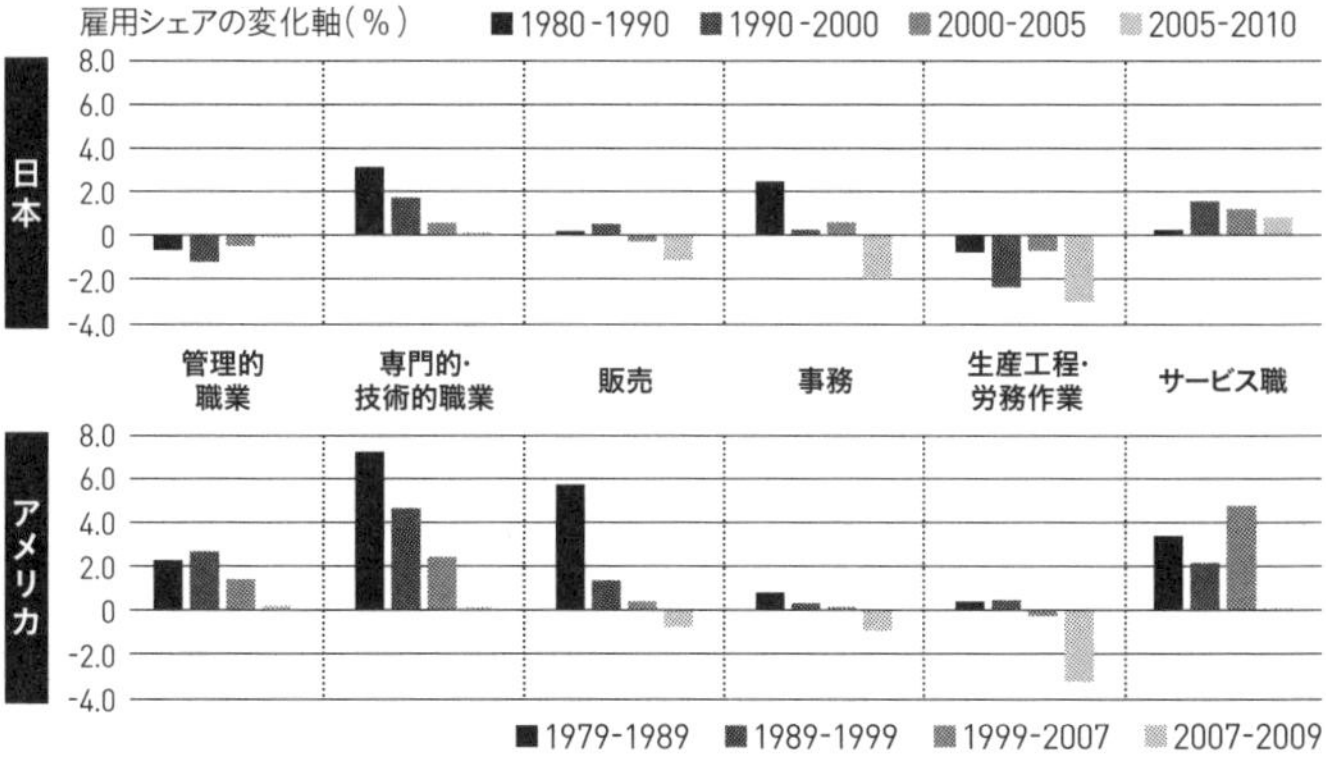

※日本については野原（2016）、アメリカについてはAcemoglu and Autor（2011）のデータを再加工したものである。

図表14　ルーティンタスク集約度の国際比較

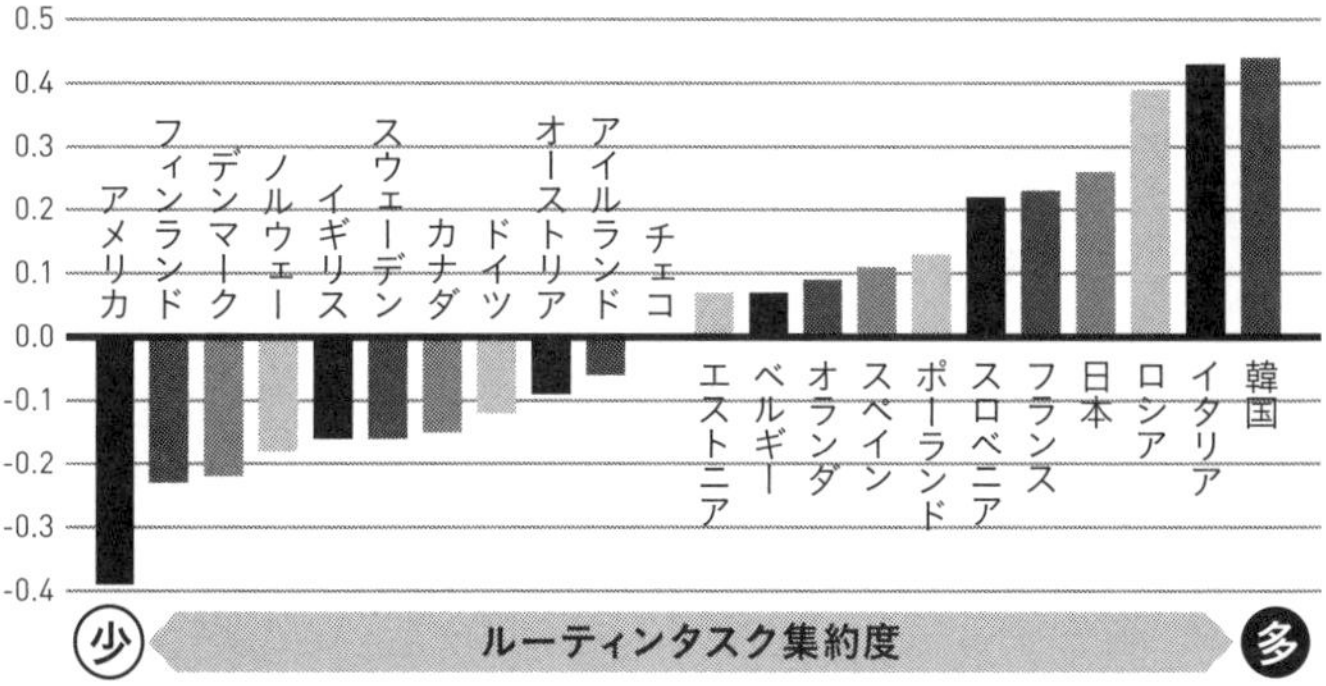

※DeLaRica and Gortazar（2016）を基に作成
※数字が大きいほどルーティンタスクが残っていることを示す。

の進展によって、多くのルーティンタスクがＩＴに代替されていると解釈できます。そう考えると、日本でルーティンタスクの値が高いのはＩＴ化による代替が進んでいないことが予想できます。だとしたら、**日本でも今後、ＩＴによる雇用代替が進む可能性が高い**と予想できるでしょう。

海老原　日本のみの特異傾向とかはないのですか。

山本　図表13では、事務職が１９９０年代に増加傾向にあったことが示されています。ルーティンタスクの典型である事務職は、欧米諸国ではこの間に減少しています。その後、事務職は日本でも減少に転じましたが、本来ならＩＴ化の進展とともに減るはずだったこの領域で逆行が起きたことなどは日本の特異性であり、こうした点で今後まだ代替が進む可能性は高いといえそうです。

海老原　どうしてこのような差が生まれたと考えられますか。

山本　欧米型雇用であれば、末端社員はタスクのマニュアル化が進み、指示された作業を行う形で仕事を進めています。こうしたタスクであれば、ＩＴ代替の可能性が高いでしょうが、**日本の場合、末端社員まで判断や折衝を求められるタスクも担っており、１人の社員が多様なタスクに従事している傾向が高い**といえます。こうしたことが、従来のＩＴ化による自動化の妨げになっているとも考えられます。
ただ、今後はＡＩの進歩によりこうした判断・折衝のタスクもルーティンとして行えるようになると、この部分での雇用代替が起きる可能性があるといえそうです。

海老原　ＡＩの進化によりルーティンワークが機械化されれば、もう、安い労働力を求めて工場を海外に移す必要もなくなりますよね。そうすると、工場が日本に回帰する、という明るい道筋もありえませんか。

山本　１９９０年代以降、ルーティンタスクの典型である製造系ワークは、より人件費の安い途上国に流出し、産業の空洞化が進みました。こうした部分では、ＡＩがルーティンワークを担うことで人件費が格段に抑えられるため、日本に回帰する可能性があるのです。そうした場合、直接製造に携わる仕事はＡＩ化されるので雇用創出はされませんが、一方で、工場の監理、メンテナンス、物流などの周辺分野で雇用が生まれる可能性があります。
こうした可能性に関しては、カントリーリスクの軽減、日本からの赴任《ふにん》者コストの削減といった回帰メリットと、日本における地代の高さ、国内集中による為替リスクなどのデメリットもあるため、人件費とＡＩ代替の損得だけでは判断ができないともいえそうです。

ただ、**将来的に製造業の日本回帰が進む可能性は低くはなく、そのときは、現地からの工場引き揚げで、南北格差がまた非常に大きくなる**、という国際問題が生まれるかもしれません。

海老原　こうした将来展望に不可欠なのが、「ＡＩの進化がどのようなタイムスパンで起きるか」ですね。それをどのように見積もりますか？

山本　今、深層学習の実現により、各段に進化したＡＩは、一種のブームともなっています。確かにＡＩ＝脳の部分は大いに進歩しているのですが、**日常のタスク遂行に落としこむためには、手や足に相当する技術開発が必要**です。そのためにロボティクスや人肌インターフェースの部分でさらなる進歩が必要でしょう。この部分がまだよく見えていないともいえます。

海老原　「頭」は格段に進化した、「手足」がそれに対して出遅れ気味と。

山本　ＡＩ研究で有名な東京大学准教授の松尾豊さんは、「大人のＡＩ」、「子供のＡＩ」という言葉で、この状況を説明しています。前者の脳に当たる部分を「大人のＡＩ」、後者のメカトロに当たる部分を「子供のＡＩ」と呼んでいるのですね。

今、グーグル、アマゾンなどのアメリカ企業は情報系の「大人のＡＩ」研究に懸命になっています。日本は従来、ロボテックやカメラで画像を認識する制御・運動系が得意です。その強みを生かして、「子供のＡＩ」の進化を目指すのも、いいのではないでしょうか。

Chapter

2

ＡＩで人手は要らなくなるのか、実務面から検証する

AIがもたらしうる3つのシナリオ

AIが社会に及ぼす影響として**3つのシナリオがある**ことに気づいただろう。大発明の登場時、どの時代でも、「これで俺の仕事がなくなる」という騒ぎになる（ラッダイト運動）。ところが、しばらくすると、大発明は周辺の働き口を増やし、トータルでは雇用増となる。この繰り返しだったからAIもそうなる、というのが1つ目のシナリオ。

一方、20世紀末から、社会全体で雇用の二極化が進んでいる。この波が続くなら、AIによる雇用創造も、一部の高賃金な仕事と、大多数の低賃金な仕事、という格差拡大を起こす。これが2つ目のシナリオ。

さらにAIは、手作業や接客業務のような低賃金労働まで、機械化・省力化を進めるので、二極化にもならず、もはや一極化となり、多数の人が職にあぶれる。これが3つ目のシナリオ。

果たして、現実はこの3つのどれになるのか。そこに少し踏み込みたい。1章で何度も目にしたフレーズだが、AIの将来予想レポートは、雇用や職務に明るくないA

I研究者が作ったものだ。ならば、実務者の側からそのシナリオが正しいかどうかの検証をしておこう。

「AI化で省力化」が叫ばれる3つの分野（事務・サービス・営業）について、それぞれに精通したスペシャリストを招き、AIに詳しい識者との対談・鼎談《ていだん》を行ってもらった。

AI側の識者は、2017年新書大賞ベスト10に輝いたベストセラー『人工知能と経済の未来——2030年雇用大崩壊』（文春新書）の著者、**井上智洋《ともひろ》氏（駒澤大学准教授）**にお願いした。

●井上智洋氏　駒澤大学経済学部准教授

慶應義塾大学環境情報学部卒業、早稲田大学大学院経済学研究科博士課程単位取得退学。2017年より現職。博士（経済学）。専門はマクロ経済学。著書に『人工知能と経済の未来』（文藝春秋）、『ヘリコプターマネー』（日本経済新聞出版社）、『人工超知能』（秀和システム）など。

まずは、氏と実務者によるディスカッションを行い、その結果を見ながら、重要な要素を腑分《ふわ》けするため、私と井上氏の対談を「結論」という形で入れる、という流れとなっている。

3職の将来がわかれば、その他多くも予想が可能

本文に入る前に、ここに書いていない職業についてはどうなのか、について触れておきたい。

日本で就業者数が多い職業としては、製造職※（889万人）、と建設職（302万人）、運搬・清掃・包装業等（464万人）がある。こうした業界にも足を運び、ヒアリングを行った。その結果得られた結論は、「ほぼ、流通サービス業と同じ展開となる」ということだった。要は、機械化は進めているが、機械と機械をつなぐ、こまごまとした多彩な「判断・手仕事」を人が担当する、という構造が、流通サービス業と類似しているのだ。その詳細については3章にて触れている。

その他には、各種士《さむらい》業やプログラマー、ドライバーなどのスペシャリスト系職業がある。こちらは、ＩＴとの取り合わせが良い仕事であり、そのインターフェイスと

してAIが機能するようになると、大幅な代替が起きる。要は「事務職と同じ展開になる」と読める。

あとは、企画職・クリエイティブ職が残るが、こちらは、ITでは代替できない「ホスピタリティ」「創造」系の仕事であり、AI代替が難しい。そうした意味で「営業職の未来」と類似した傾向を示すだろう。

こうしたことから、**「流通サービス」「事務」「営業」の3職務について詳細に記せば、その他多くの職務の将来も予測が可能**と判断した。ちなみに、今ここに挙げた仕事全部（製造、建設、運搬・清掃・包装、士業、プログラマー、ドライバー、企画職・クリエイティブ職）と対談で取り上げ

図表15　2章対談から、雇用減少パターンが類推できる職務群

	事務的職務		流通サービス的職務		営業的職務	
参考	「事務職の未来」		「流通サービス業の未来」		「営業職の未来」	
特徴	ルールに従った処理業務		機械化できない細々とした業務が多々発生		ホスピタリティ、クリエイティビティが必要	
雇用減少期	特化型AI期（～2035年）		全脳アーキテクチャ期（2035～2100年）		全脳エミュレーション期（2100年～）	
15年後の雇用	大幅減		1割程度の微減		現規模を維持	
含まれる職務と現就労数（万人）	事務	1,295	販売（営業を除く）	515	営業	347
	運転	219	サービス（介護を含む）	808	技術	295
	専門職	336	製造	889	管理	144
			建設（採掘を含む）	302		
			清掃等軽作業	464		
			保安（警備）	124		
合計		**1,850**		**3,102**		**786**

※2017年労働力調査より

た三領域（流通サービス・事務・営業）を合わせると全就労者の9割程度になる。（図表15）

雇用全体の変化を考慮するにはこれで十分と考えている。

※職業別就業者数はすべて総務省「労働力調査」２０１７年版の数字

SECTION 1

AIで仕事はどれだけ減るか ①事務職の未来

事務作業は効率化が図りやすい。まず、その多くがパソコン内で完結でき、メカトロニクス的な物理的機構が要らないこと。そして、処理ルールを文字に落としやすいこと、などがその理由だ。ただ、こうした**機械化はAIまでいかなくとも、現状のIT技術で十分効率化が可能**だろう。実際、大企業では大規模なBPR（ビジネス・プロセス・リエンジニアリング＝業務行程改革）を行い、事務を集約して効率化をすでに終えている。ここからさらに省力化は進むのか、などを見ていこう。

●対談者
岡 祐也　リクルートキャリア　アドミニストレーション総括室
人事部　人事推進2グループ　マネジャー

近森　加奈子　同　人事支援グループ

1万5000名分の人事・総務作業が30人でこなせる理由

井上　最近の事務作業はどのように担当しているのでしょう。

近森　人事や経理にまつわる事務作業の多くは、系列のROSという会社にお願いしています。現在は、リクルート本社、リクルートキャリア、リクルートライフスタイル、リクルートマネジメントソリューションズ、など中核5社約1万5000名分のバックオフィス業務を代行しています。

岡　具体的な業務は、勤怠管理、給与の支払い、交通費や事務機器などの立て替え精算、社会保険の手続き、入社や退社、冠婚葬祭、異動、昇進にともなう人事データの更新、電話や備品の管理などです。

井上　実際、何人くらいで1万5000名分を処理されているのですか？

近森　たとえば、人事部門の業務であれば30〜40人ですね。あとは経理等でまた同じくらいでしょうか。

井上　それはかなり効率性が高いですね。何かノウハウとかはありますか？

近森　基本はダイレクト入力を進めています。個々の社員がＰＣ上でデータ入力することで事務作業のかなりの部分が終わります。

人手を介する業務はマネジメント系とホスピタリティ系

井上　だとすると、現在人手はどのようなところで活用されていますか？

近森　１つにはチェックですね。たとえば、伝票の督促《とくそく》や誤記入への訂正要望。あとはイレギュラー対応です。たとえば、期日に間に合いそうにない伝票を通常と異なるルートで臨時に処理するとか。

井上　私は、**クリエイティブ系、マネジメント系、ホスピタリティ系の仕事はＡＩでの代替が難しい**と考えています。チェックやイレギュラー対応というのはマネジメント系の仕事ですね。この部分の業務を人手で行うのは合理的です。

岡　人事ではなく営業経理系では、請求・支払いにはまだまだ人手が必要ですね。宛名や振込先の印字位置などバラバラなため、まだまだ目確認と手入力が発生します。これもＡＩが進化すれば解決されるものでしょうか。

井上　ＡＩの一種である画像認識技術によって自動化も可能ですが、標準フォーマットを作って多くの企業がそれを採用する、というほうが技術的には簡単でしょう。経団連あたりが旗振り役になって、請求書標準化団体というようなものを立ち上げるとか。現実には難しいかもしれませんが。

近森 あとは、社員からの問い合わせやクレームへの対応などが人手として残っています。引っ越しや結婚をしたのですが、といった電話への対応ですが、いくらQ＆Aを進化させても、それは全部読んでもらえないですし、気づいていない関連事項を伝えたり、類似事例から推察して答えたり、という部分に人手が必要で。

井上 それも将来的にはチャットボットが問い合わせに答えてくれるようになれば、人手が要らなくなるかもしれない。現在はそうした対応を行う人はどのくらいいるのでしょうか？

岡 リクルートキャリア社を例に挙げると、4500名の従業員がおりますが、対して、人事関連のQ＆A担当は5～6名です。だいたい、項目ごとに担当を割り振っているんです。たとえば、冠婚葬祭は誰、異動や配属に関しては誰、という形にして、1人が何項目も担当しています。しかも、そんなQ＆A対応はあくまでサブ業務であって、チェックだの督促だのといったメイン業務を他に持っています。

井上　４５００名でＱ＆Ａ担当は６人、しかも彼らはメイン業務の傍《かたわ》らにそれを遂行しているんですか。なら実質１～２名程度かもしれませんね。いやあ本当に効率化されていますす。先ほど、ＡＩ化の余地はあると言いましたが、**その程度の人員であれば、巨額の投資をしてまでＡＩ化をする必要性は少ない**ですね。

生身の肉声で伝える効果

井上　逆に、ＡＩ化は絶対できない、というのはどんな仕事がありますか？

岡　そうですね。たとえば、リクルート内では過重労働が起きないように、勤怠状況を日々管理しています。それで、残業が多すぎる場合は、ＲＯＳのスタッフが、該当者に注意喚起の電話をしているのです。労働時間が多い場合、該当者のパソコン画面に警鐘《けいしょう》を鳴らすコメントが出るのですが、その程度では効力に限界がありまして。本人や組織長に知らせて改善を促すには、やはり電話ですね。

井上　これも、先ほどの「マネジメント系業務」もしくは「ホスピタリティ系業務」に当たりそうですね。この注意喚起は、しかるべき役職の人が電話するわけですか。

岡　いいえ、そんなことはありません。普通の事務を担当しているスタッフです。それでも、ディスプレイ上の注意コメントとは、効力は格段に違います。**生の人間はやはり強い**でしょう。

井上　そうですね。こうした依頼や謝罪といった類の仕事はＡＩに代替されることなく、やっぱり最後まで人間が担うことになるのでしょう。あるＡＩ研究者はこう言っています。「人間に残る最後の仕事、それは土下座だ」と。

近森　確かにそうですね。ＡＩに謝られても人はなかなか納得しないでしょう。

井上　**肝心なのは中身ではなく、その伝達役がなんであるか**、なんですね。インジケーターやメール、人工音声じゃなくて、人。逆に言うと、人であれば、重役とかでなくても構わない。こういう儀礼的な意味での仕事も最後まで人間に残されるのでしょう。

事務仕事はＡＩよりもＩＴ化で大部分が解決する

岡　とすると、これからはＡＩで、事務がこれ以上自動化していくにはどうしたらいいでしょうか。

井上　一般論で言うと、**事務の仕事はＡＩよりも、ＩＴによる代替がものすごく大きいんです。**リクルートはその部分、ものすごくドラスティックに進歩させています。

あとは、すき間を埋めるような仕事やマネジメント、ホスピタリティの仕事のみが残る。現在もう、ほぼそうなっているではないですか。

ここからさらにＡＩの進化で効率化は図れるでしょうが、その余地はさほどではなく、これまでのＩＴ化の効果と比べたらかなり小さい規模にとどまるでしょう。

アメリカではリクルート同様に、事務作業ではかなりＩＴ化が進み、効率化の伸びしろは減っています。対して日本は、ＩＴ導入に親和的な企業とそうではない企業に大きな差がついている。確かに、規模が小さい企業であれば、事務作業をＩＴ化する投資を行うよりも、おざなりに人手を使い続けるほうが面倒がなく、場合によってはコストも低いことがありえるので、まあ仕方はないでしょう。

ただ、中堅規模以上であれば、事務作業のＩＴ化は投資価値が高い。にもかかわらず、日本の場合は、大企業でさえこの分野で温度差があるんです。そんな風潮の中では、**ＡＩ化だと騒ぐ前に、まずは、ＩＴ化の徹底が先決**でしょう。人事に関するデータをいまだに紙で管理している企業もかなりたくさんあります。

岡　リクルートの場合、この先、どのような進歩がありえますか?

井上　人工筋肉や人工皮膚・毛髪が進歩して、そこに汎用ＡＩが載って、人間との区別が極めて難しくなったころ、お詫《わ》びや叱咤《しった》や注意喚起なども自動化できるようになるんじゃないですか。まあ、そんなに近い未来ではないでしょうが（笑）。

❶「事務職の未来」の結論

事務処理要員は全社員比3%程度にまで減る

井上智洋准教授 × 海老原嗣生

IT化が進まない原因は経営者の頭の固さ

海老原　私も少し勘違いしてました。**事務の部分は、AIの進化を待つまでもなく、IT化や業務の集約・標準化で大きく歩留まりアップするん**ですね。そこで質問です。なんで日本では、企業によりIT代替に差が生まれているのでしょう。

井上　これは推測ですが、1つには経営者の年齢があるのではないでしょうか。年齢が上がるにつれて、旧来の仕組みを大きく変えることにためらいを感じるようになるのが一般的です。ITに対する理解も進まず、手慣れた方式を変えるのもいやだ。そこに、日本型雇用の問題もあり、さらには「今いる事務スタッフの仕事をなくすわけにはいかない」といった心情も作用している。

ITを入れるには余分なお金が必要ですが、終身雇用でどうせ雇い続けないといけないならば、今いる人を使い続ける限り余分なコストはかからない。逆に彼・彼女らを解雇するには、早期退職金を払うなどそれなりの費用がかかる場合もある。

海老原　いや、本当の意味で日本型であれば、雇用契約は、「無限定（職務を決めず採用する）」であり、会社主導でいくらでも異動させられるわけですね。なら、事務作業をＩＴ化して、余剰人員を営業や販売に配転することもできるでしょう。そのための教育やフォローを行う必要は当然あるでしょうが。それでも、営業に向かないとかやりたくない、というのであれば、その異動がきっかけになって自主的に辞めるケースも出るでしょう。結局、雇用調整は進むはずです。だから、日本型雇用でもＩＴ化は進められるはず。要は、**経営者の「頭の固さ」が問題**なのではないでしょうか。

儀礼的な人手需要は減る。本物の人間的な対応が重要

海老原　鼎談の中で井上さんが、「人間だけが担える仕事はマネジメントとホスピタリティ」とおっしゃいましたね。その直後に、判断や結論を伝えるのは、自動生成メールや機械音声よりも、生身の「人」の肉声だと効果が高い、という事例が出ました。たとえば「残業するな」という警告でも、それがディスプレイに文字表示されても効

果は出ない。対して、人が電話すると効果てきめんになる。それも、偉い役職者が電話しなくとも、一般社員でも「人」であれば成り立つ、という話が出ました。

これ、マネジメントやホスピタリティとは少々異なる気がするんです。マネジメントやホスピタリティは高度な判断・折衝業務です。対してこの場合は、機械的に出たアラートを、メールや自動音声ではなく、「人が読み上げさえすれば」成り立ちます。中身自体は判断も思慮も不要な機械的なもの。それを「人」が読むだけで成り立ってしまう。つまり、高度なサービスとまでいかないことでも**「人手」さえ介せばいいという儀礼的な需要**が、事務分野でも残りそうな……。

井上　そうですね。ただ、電話対応であれば、音声合成技術が進化することで、電話の向こうの相手は、「人だか機械だか」わからなくなります。単純なことを電話で応対するだけなら、人手は早晩《そうばん》、不要になるかもしれません。実際、Ｓｉｒｉ（アップルの音声操作アプリ。ｉＰｈｏｎｅに標準搭載）は、人間の質問に対して、その言葉の意味を理解するわけではなく、統計的に妥当であろう回答を自動的に行うだけです。それがだいぶ人間に近い声でなされるので、ブラウザでの文字検索とは異なり、「人と話す心地良さ」をすでに醸し出しています。

海老原　相手が見えない電話の世界なら、肉声に近い声にすれば、もう代替できてしまうわけですね。でも、対面だとさすがにまだまだ「見分け」がついてしまうから、代替は難しいでしょうね。

井上　大阪大学の石黒浩教授が作ったマツコロイドをご存じですか。タレント、マツコ・デラックスさんにそっくりなアンドロイドで声も出ます。表情や仕草、声もそっくりで、遠目だとわからないでしょう。ロールをこなすだけの儀礼的営業なら、それで代替できるようになるかもしれません。２０３０年くらいには、そうしたアンドロイドが営業マンとして活躍していてもおかしくないでしょう。

ただ、意味を正確にとらえたコミュニケーションはまだまだ難しい。叱咤や謝罪というのは、相手の反応やこちらの手落ち度合いなどを勘案してダイナミックに対応していくので、儀礼的では齟齬《そご》が生まれます。そういう、やはり高度な作業はまだまだ人手が残っていくでしょう。

海老原　営業分野での対人業務は、まだまだ雇用が残りそうですね。一方、事務分野の「肉声需要」は自動音声の高度化で早晩なくなりそうですね。**現状でも大手企業はＩＴ化で、事務処理要員を全社員比３％以下に減らしています。少なくともこのレベ**

ルまでは早晩行きつき、そこから先は、費用対効果も落ちるので、効率化は徐々に進む、という感じでしょうか。

SECTION 2

AIで仕事はどれだけ減るか

②流通サービス業の未来

流通サービス業は、物理的な作業が多々発生する。だから、**「手足」となるメカトロニクスが必須**になる。コンピュータの内部で多くの作業が完結される事務職とはそこが異なる。ただ、激しい価格競争にさらされ、また、求人難で恒常的に人手不足に悩まされる流通サービス業は、自動化・機械代替を大幅に進めてもいる。こうした中で、現在残っている仕事はどうなっていくのか。自動化・省力化の極みでもある回転寿司チェーン大手の人事に話を聞いた。

●対談者

内藤健次　株式会社あきんどスシロー　人事部長

魚の皮を引き包丁で切る。「仕込み」を自動化できるか

井上　御社の各店における仕事の割り振りから教えてください。

内藤　大まかに分けると、まずホールとキッチンがあります。ホールはレジと接客に、キッチンは、握り、軍艦、細巻き、仕込み、フライヤー、炊飯、洗い場に細分化され、おおよそ10の持ち場に分かれています。

井上　店舗のキャパシティと、働く人の数はどのくらいですか。

内藤　標準店舗は196席あって、それを最も多忙な時間帯でいえば、キッチンを24〜25人、ホールを6〜8人で廻しています。

井上　けっこうな数の働き手が必要なんですね。

内藤　われわれの会社は寿司屋からスタートしていますので、他の同業チェーン店よりは寿司のおいしさに対するこだわりが強いと思います。お客様においしい魚を食べてもらうため、完全セントラルキッチン化せず、店での作業を残しているのです。たとえば、鮮魚は皮をはぐと鮮度が落ちる。だから皮をはぐのも、ネタに切りつけるのも店で。また、冷凍ものは2度解凍したら味が落ちやすいので、可能なネタは初回冷

凍ものを店に持ち込み加工・調理する。こうやって味にこだわる分、スタッフの人数が多くなっています。

井上　その魚を捌《さば》く作業などは、何がミソになるのでしょうか。

内藤　歩留まり良く、1匹の魚から、いかに多くのネタを切り出すか。そして、その形がいかにおいしそうに見え食欲をそそるか。この2つが重要です。それは魚の種類や大きさ、仕入れ時期、鮮度によって全部異なってきます。それが難しいところですね。

井上　そこは、魚種・鮮度・魚の形状ごとに「理想的に切り分けたネタ」の画像を集めて機械学習していくと、熟練の捌き方に近づけると思います。

内藤　ベテランになると、魚の解凍具合に応じて包丁の当て方も変えるのですが、それにも対応できますか。

井上　あいにく、感触やにおいなどに関してはまだセンサーが追いついていません。だから当面はそうした部分まで、「画像情報」から判断できるくらいに、AIを鍛えていかないといけないでしょうね。ただ、AIの画像認識はすごいところがありまして。人の表情をたくさん勉強させていくと、その人が怒っているのか喜んでいるのか、内面までわかるようにもなっています。だから鮮度や感触なども画像から判断できる可能性はあると思います。

内藤　頭の部分は理解できました。次は、手の部分です。それこそ、素材に応じて持ち方や包丁の入れ方を微妙に変えないとうまくいかないのですね。**AI＝頭が進化しても、ロボットやメカトロ＝手がそこまで進化しないと実現できない**ような気がしますが。

井上　ロボットもすでに進化しています。国立産業技術総合研究所がバイオ開発や創薬といった医療研究用に「まほろ」という汎用ヒト型ロボットを作ったんです。ピペットの操作、遠心分離装置などの機器の扉の開閉、サンプルの把持《はじ》・移動といった作業を器用にこなします。コンマ何ミリ以下の細胞を引っ掻《か》くといった、並みの人間ではできない複雑な仕事も楽々やれると。

こんな具合ですから、**汎用型の調理ロボットも技術的には可能な段階**に来ています。実際、モーリー・ロボティクスというイギリス企業が2018年、家庭用の調理ロボットを売り出します。足が必要ないため壁から手が生えているような形をしており、作れるレシピは2000種類とのこと。手の部分も長足の進歩を遂げています。

ホールは減らせそう。洗い場はどうか

井上　ホールや洗い場はどうでしょうか。

内藤　ここにもけっこう、知恵が必要な仕事があります。まずホール。店にはごった返す時間、そうでもない時間があり、それに応じてコンベアラインを切り、お客様をご案内するテーブルを変えねばなりません。混雑状況を考え、誘導先を先回りして変えていかないと、最適なライン稼働を実現できません。この仕事はベテランのアルバイトが担当します。

井上　それこそAIが最も得意そうなところです。AIが考え、あとはその配置通りにスタッフが誘導すれば事足ります。ということで、未熟練のスタッフでも対応が可能になりそうですね。洗い場のほうはどうでしょうか。

内藤　回転寿司店では、食器を確保するために、洗い場を常にフル稼働させておかなければなりません。食器洗浄機は器の形状などによりすき間ができたりするので、そこにうまく組み合わせて入れていくと回転効率が上がります。どれを優先し、どれを後回しにするか、という一瞬一瞬の判断も物をいいます。こうした仕事には論理的思

考をできる方がおられると大変重宝します。

井上　そうした最適化はＡＩが得意とすることですが、ただやはり、それには頭だけでなく、「手」の部分の機械も必要になりますね。そこがやはりもう少し時間がかかりそうです。それまでは、機械がディスプレイとかに指示を出し、人にはその指示に従って皿をその通りに投入する、という作業が残ります。瞬時にディスプレイを見て、そこに入れる、というほうがかえって大変そうで、自動化のメリットが少なそうですね。

内藤　手の部分まで洗浄ロボットができそうなのはいつごろでしょうか。

井上　15年くらいかかるのではないでしょうか。

普及の決め手は価格。どこまで安くなるか

内藤　もう1つ、人工知能的な要素としては、仕入れや製造量の見当をつける作業ですね。当社ではネタごとの仕入れ量について、自動推論を用いています。売り上げ目標から逆算し、曜日や時間帯も勘案しながら、今日はこれだけ仕入れ、この時間帯にどれだけ作るべきと教えてくれるシステムです。ただ、推論はあくまでも標準的な予

測にとどまるため、現実とは乖離《かいり》が出ます。優秀な店長は、たとえば併設駐車場の混み具合、それも車種まで見て、「近くで大きなイベントが行われているんだろう。シャリをもっと炊いておけ」といった的確な指示が出せるんです。

井上　通り一遍の推論ならある程度できるのですが、ただ、まだ外れは相当出ます。とするとその部分をＡＩ化しても、やはり「できる店長」の目利きはなくならないでしょう。今すぐＡＩにするメリットは少ないと思います。

内藤　技術的な可能性は非常によくわかりました。問題はそうしたシステムの導入費用です。経営的に成り立つレベルまで、値下がりするのはいつごろでしょう。

井上　価格や耐久性、信頼性ともなるとまだまだですね。ただ一旦安くなると規模の経済でぐっと普及が早まり、それが価格をさらに押し下げてくれることもあるので、ここはいつごろとは軽々に言えないところです。

内藤　１つお聞きします。売り上げが良い店ほど働く人たちの人間関係が良いんです。逆に関係が悪いと売り上げも良くありません。人の和をどう作って、保たせるか、ここが社員や店長が最も気を使うところです。同じことを話していてもＡさんには従うけれど、Ｂさんにはそっぽを向く。人間は本当に複雑な生き物です。ここに対してＡ

Iが何かできますか。

井上　日立製作所は、カード状のウェラブルセンサーも開発していて、これを社員証のように各人が首からぶら下げておくと、誰と誰との会話が活発化しており、誰と誰は没交渉か、というデータを得ることも可能です。日立の「H」というAIを使ってこのデータを解析すれば、どのように人員を配置すれば良いかという提案ができるかもしれません。また、先ほどの人の表情の画像認識技術を使って、相手が好意を持っているのかどうかを推論することもできるでしょう。

　でも、それをもとに、どんな言葉を投げかけるべきか、などは今のところ人の判断を必要とします。**「マネジメント」や「おもてなし」の部分は人に残ります。**たとえば、回転寿司店の業務の8割が機械化されても、店舗運営にはまだ5人は必要ですね。それだけの人数がいたら、やはり人的マネジメントはおろそかにできないでしょう。

❷「流通サービス業の未来」の結論

当面は「すき間をつなぐ仕事」が増加。雇用激減は汎用AI待ち

井上智洋准教授 × 海老原嗣生

技術的に可能か否か、で語るな

海老原　実務に詳しい人に話を聞いたのでよくわかりました。AI＝頭の進化は重要ですが、それに付随する**手＝メカトロが追いつかないと、代替は成り立たない**。マスメディアはそこを見落としがちですね。

井上　そうですね。そして内藤さんが何度も話していたもう1つのポイント、それが**導入コスト**。科学技術を追い求める立場の人たちは、「できるか」「いつか」という話ばかりですが、ビジネスにとっては、応用技術・補完的技術・費用対効果なども重要です。

海老原　先ほどの調理ロボットの話を聞いていて思いました。将来、調理や誘導、食洗機の効率化、など**ノウハウが必要な仕事はAIがやり、人間はそれ以外のすき間を**

埋めるだけになってしまう。つまり雇用は残るがつまらない、という社会になりませんか？

井上　その可能性はあります。**今のＡＩにできないのは、「高度でコツのいる」仕事か、「ＡＩのすき間を埋める」ような手仕事か。**前者は今後のＡＩの進歩でどんどん代替され、一方、後者はメカトロが追いつかず、こちらばかり残る、という可能性もあります。

海老原　そうなると、「誰にでもできる」無味乾燥とした仕事ばかりになるので、新たな労働阻害、まさにディストピアですね。

ＢtoＣの大衆向けサービスはすでに「儀礼抜き」へと進化

海老原　事務職の対談で、叱咤や謝罪などの儀礼的行為は人に残る、という話が出ました。ただ、今度はその部分が考えさせられました。別にもう、寿司は機械が握っているし、料理はベルトコンベアで運ばれる。食券機で会計も済ませる定食屋なども多いし、日本語が上手ではない留学生が店員の多くを占めている。もう**この領域では、「人手」による儀礼的行為は急速になくなり、消費者も「儀礼的サービスがない」のに**

文句も言わない。

井上　ＢtoＢの場合、大金を動かすこともあるし、専門領域の知識や経験も重要です。だからそこに「人」の儀礼的行為が残る。ところが、**廉価なＢtoＣサービスだと、そうした儀礼的行為よりも価格が重要となる。**だから置き換わりが早いのです。保険や旅行など、対面→電話→ネットとあっという間に主流が変わったでしょう。

海老原　とするとこの領域では、人手は極限まで減っていく……。

井上　まずはメカトロ。あとは、非日常的な場面での「人間的判断」でしょう。飲食店に、ネズミが出てきて床を駆けまわったらどうします？　人間だったらネズミを店外、もしくは客から見えない場所に追い出すでしょう。ところがロボットだと、ゴキブリを見つけたら叩き潰すことを学んでいたら、ネズミもその類推で叩き潰すかもしれません。

海老原　そんなことされたら、二度とその店には行きたくありませんね（笑）。まさに「ＡＩのフレーム問題」（22ページ参照）です。

井上　その通り。ゴキブリはいいけれど、ネズミはダメという感情の機微を、ＡＩに作り込むのは非常に難しい。こうした不測の事態を想定すると、ある程度、生身の人間がいたほうがいいでしょう。いくら安さが売りの全自動化された店でも、「ネズミ退治」までセルフサービスだったら行きたくはありません。

海老原　確かに。あと、最後に出た話です。おっしゃる通り廉価なB to Cサービスではお客に対する儀礼的行為は不要ですが、ただ、店内スタッフに対するイニシエーションは存在し、そこが残ると。

井上　そうですね。本当に自動化・機械化が進み、店長以外は機械になってしまうまで、人的マネジメントは残ります。

海老原　店長以外機械になったら店長は寂しいでしょうね。

井上　美人アンドロイド店員とかが話し相手機能まで持ってくれるんじゃないですか。そこも、コスト見合いでしょうが。

海老原　（笑）。ここまでをまとめておきましょうか。**大規模流通サービス業では、現在でも機械化・省力化は進めている。**一方、小規模店はそれが進まず、だからどんどん淘汰《とうた》されている。これが1つ目のポイント。

ただ、この業界は手作業が多い。そのため、自動化にはメカトロが必須となる。その**費用が多大で、大量に発生する単純業務以外は、機械化が難しい。**これが2つ目のポイント。

残った多種多様で些末《さまつ》な業務は、汎用型ＡＩとロボティクスが進化して、１台のロボットが人間のようにすべてやってくれるようになり急速に自動化が進む。それまでは、**「勘」や「熟練の技」といったノウハウ部分をＡＩ化し、メカトロ部分を人手でつなぐ、という「すき間労働」が増えていく。** これが３つ目のポイントとなりそうですね。

SECTION 3

AIで仕事はどれだけ減るか ③営業職の未来

ITや通信手段がこれだけ進化した今日でも、営業は顧客企業に訪問して対人で商談を行っている。過去50年を振り返れば、電話・ファックス・プッシュホン・ラップトップパソコン・スマホと、営業に使える数々の先端エポックが登場し続けた。ところが、**仕事形態はそれほど変わらず、省力化も効率化も進んでいない**。いったい、20年前と比べて営業はどのように進化したのだろう。その流れをトレースしておこう。AIが進化することにより、営業は省力化されるのか。それとも過去の流れの通り、旧態依然が続くのか。

●対談者

大澤孝之氏（仮名）

大手米国系ec企業にて、代理店統括営業を行う。前職は国内大手広告代理店。通算で25年の営業歴を有する。

営業の仕事は顧客のマインドチェンジ。それは人にしかできない

井上　今の仕事内容を教えてください。

大澤　米国系ｅｃ企業で、ネット上の販促支援ツールの営業をしております。最近のネット販促は高度化しており、「地域・性別・年齢別・検索項目・過去購入履歴」などいろいろな要素でターゲットを絞り、ぴったりな購買喚起ができるようになっております。そうした日々更新される販促支援について、随時情報を提供して利用を促進する役割です。

井上　ネット上の販促となるわけですから、営業的行為もネット上で完結する比率が高いのですか。

大澤　いいえ、それは本当に単価の低い取引形態のみですね。大方は、対人になります。料金が比較的低くてリピートの場合であれば、電話の場合もありますが、大型案件もしくは新規の場合は、対面の場合がほとんどです。

井上　それは日本だからですか？　アメリカでもそうなのですか？

大澤　よくそういう質問を受けますが、変わらないでしょう。確かに多少はネットや

電話比率が高まりますが、やはり高単価や新規に関しては対人が基本になっています。

アポイントとは、相手の時間と空間をつかむ行為

井上　なぜ、わざわざ会う必要があるのか、そこをお聞かせ願います。

大澤　**先方の担当者にマインドチェンジしてもらわないとビジネスが広がらない**からです。ネット隆盛の昨今でも、多くの経営者や販促担当者は、過去の習慣が根付いています。今までの紙や電波の広告を振り分けてもらったり、来期のデジタル広告予算を大幅に増やしてもらったりする。そういった意思決定を促すには対面でないと無理です。また、複雑な仕組みについての説明などは双方向で話し合いながら、顔を見て疑問点を感づいて説明を重ねないと、やはりわかってもらえないところがありまして。

井上　そういう視覚的認知が双方で必要なら、スカイプという手もありますが。

大澤　いや、視覚的な説明力だけではないのですね。大きな商談をまとめるには、多くの情報を提供せねばなりません。直接会って話をすると、いろいろ伝わるのです。提案者の人品骨柄《じんぴんこつがら》などもその1つに入ります。

井上　そうやって、相手のマインドチェンジを促していくわけですね。そのためには、

確かに対人が強いとわかりました。メールでは読み飛ばされてしまうでしょうし、電話でもスカイプでも、切られてしまえば終わりでしょうし。

大澤　そうですね。訪問をすれば、相手の時間を押さえて、そこで空間を共有することができます。その**「相手の時間と空間を押さえる」ために、「会いたい」と思わせる素材をうまく提供するのが営業**なんですね。ということで、興味を引くようなサービス説明や、信頼獲得のための日々の努力、などが必要になる。そう考えると、日々の地道な「汗かき」なども、「要らない」わけではなく、けっこう合理性があると思えます。

井上　そこまで考えて「汗かき」をしている人もいるでしょうが、無目的に汗かきだけをしている営業もいるし、汗かきだけを求めている顧客もいるのではないですか。

大澤　昔よりは減っていますがおりますね。今でもそういう肌合いとかを特に重視して、いざ訪問しても商品メリットなど説明してもあまり聞いてもらえず、仲良くなれるかどうかで受注を決めるというパターンもないわけではありません。

井上　そのあたりは、日米でやはり差が出るんでしょう？

大澤　出るとは思いますが、向こうも、日本人が思うほどドライではありませんよ。そんな肌合い営業はやはりありますから。

テクノロジーは営業を進化させるが、仕事は減らない

井上　ネット広告の強みは、やはりログ解析ができることが大きいのですか？

大澤　はい。アナログに比べて費用対効果がすぐに出ますし、効果的なターゲティングやアプローチ法なども数字ベースで提案できます。また、ビッグデータも貯まるので、それを分析すればマーケティングにも協力できます。その部分では旧来の紙・電波広告と比べると、ものすごく進化しています。ですから、それに合わせて営業も進化しないといけないのですね。

井上　そういう部分は、ＡＩの進化は強いと思います。商品や顧客の特性をビッグデータで分析し、こういう顧客には、このサービスをこんなアプローチで説明すればいいとか。プレゼン資料作りにとどまらず、シナリオメイクまでＡＩができるようになっていくと思います。

大澤　今でも簡単なデータ分析はＡＩにやらせていますが、複雑なものやサンプル数が少ないものは難しいというのが現実です。ＡＩがもっと進化し、またログ取得やその際のパラメータ設定などがもっともっと多彩になり、世に言う「ビッグデータ活用」

が実現して、分析仕事のすべてを担えるようになったら……。それでも、完全ＡＩ化でシナリオ通りにプレゼンして営業はそれで終わり、とはならないと思うのです。

伝え方1つにしても工夫が必要ですし、営業は双方向なので、相手の反応により対応を変えねばなりません。先の先の先まですべてシナリオ作りするのは碁や将棋よりもよほど複雑だから、難しいでしょう。さらに言えるのは、**営業は結局、ゼロサムの世界で、競合企業のライバルも同じように進化して営業をする**ことになります。だから向こうも同じレベルのＡＩを持っているだろうから、それ任せにしたら差がつかないという面もあります。

井上　それは確かに。こちらも進歩するけれど、相手も同じように進歩する。たとえるなら、**昔は刀でチャンバラしていたのが、ＳＦの世界では同じチャンバラをレーザーソードでしている**ようなものでしょうね。

大澤　もともと国内系の広告代理店にいて、かれこれ25年もこの世界で営業をやっているんです。その間、確かに「単なる汗かき肌合い営業」は減りました。ただ、それで業務がスリムになり、労働時間が減ったかというと、そんなことはありません。昔は手書きで済んだ資料が、パワーポイントでないとダメになり、メールが発達したけれどその分、添付資料も豪勢になり。結局、競合も進化するのでそれに合わせて顧客の要望レベルも上がり、**仕事は増えこそすれ、減りはしない**という状況です。

井上　安価なうえに、機能面で全く差が出ないような既製品を売る場合、販促行為も簡単で、しかも究極的には価格が一番の決め手になる。そんなＢ toＣ営業の場合は本当にネットやＡＩに置き換えが容易でしょうが、お聞きしていたコンサルティング要素が入る分野ではテクノロジーで営業が進化こそすれ、省力化や自動化は難しいということでしょう。

③「営業職の未来」の結論

「AIを使いこなす人」「AIに使われる人」に二分化

井上智洋准教授 × 海老原嗣生

BtoBビジネスの営業ではAI代替が進まない

海老原　電話やメール、スカイプでは無理で、訪問でのみ可能となるのは、「**相手の時間と空間をつかまえる**」こと。これは鋭い指摘でしたね。そんな訪問機会をもらうため、面白い情報の提供、キャッチーな話術、さらに儀礼的な「汗かき」が必要となる。これもわかりやすい。ただ、目的と手段が逆転して「汗かきのための汗かき」をしている人も多い……。

井上　その点はやはり、BtoCのほうがシビアですね。保険のセールスレディの人材需要が激減したのはわかりやすい例でしょう。もう、いくら汗かきしても売れないんです。BtoBだと「汗かき勝負」は残っていますが、ただそれも、難易度が上がってきました。

たとえば、医薬品営業のMRなども、ひと昔前なら、それこそ院長や理事の下足番的なお付き合いが重要でしたが、現在では、新薬導入の決裁権を持つ医師の所属を調べ、慢性病担当なら「飲み合わせバリエーション」を示すとか、しっかりしたコンサルが必要になっています。こうした、素人ではできない「コンサル」は、ひざ詰めでじっくり話し合わなければできない。そう「時間と空間」をつかむ、ことが必要となる。だからその前段で儀礼的な行為をし、人柄を認めてもらって、「時間と空間（アポ）をもらう」。筋道立って話してもらえましたね。

海老原　方向性はわかりました。ただ疑問は残ります。まず、BtoB営業がみな、そんな「時間と空間をつかんでしっかりコンサルをしていく」方向に進化したら、ついてこられない人が多々出ませんか。誰もが「口がうまく」「理論に長け」ているわけではないですから。その両方を兼ね備えた「モノタイプ」しか生き残れなくなると、将来が暗く思えてしまうのですが。

井上　だからこそ、時代に合った人材形成を進めていくために、学校教育の在り方や、会社のマネジメントスタイルの進化などが重要なのではないでしょうか。教育界に身を置くだけに、自戒の念を込めてそう言いたいところです。

日本の商習慣は、AI型「出前営業」を促進？

海老原　もう1つの疑問は、「日本」という問題です。実は、全員がコンサル営業術を習得できなくても、**日本の商慣習だと、かなり多くの人が生き残れるのではないか、**とまず考えています。日本は「お客様は神様」だから、クライアントから「あれが気になる、これも気になる」と言われると、「はい、明日までに資料を用意して参ります」となる。だから、過去にいろいろなOAが導入されても、長労働時間が減らないわけですね。

今後もこの習慣が続くなら、クライアントの多様な要望を社に持ち帰って、AIに打ち込めば、あとはシナリオメイクまでされた大層なご託宣《たくせん》が自動生成される。それにそって、次の日顧客に話す、という感じで、「**儀礼的コンサル営業**」が成り立つのではないですか。ご託宣を自動メールで送っても意味はなく、単に、会って人が話すだけの行為。先ほどの事務で出てきた「肉声需要」ですね。対面だから、精巧なアンドロイドが登場するまで、この需要はなくならないのではないですか。

井上　確かに。「AIを使いこなして短時間に最適提案を」というよりは、「お客様の言うことをまず第一に」で進化した「儀礼的」営業が成り立つ可能性は大きいでしょう。ライバルがやるんだから、こっちも付き合う、となりがちですね。ただ、それをやっていても、業界全体の売り上げが伸びるわけではなく、逆に個社の利益率を下げるだけなんですね。

東京の盛り場を歩くと、呼び込みの人たちが今でもたくさんいます。呼び込みから来店する確率は低く、サービス券までつけるから利益率は下がる。しかもですよ、店に入る人は基本、これから飲もうと考えていた人たちで、「今日は飲まない」という人が来店する確率は低い。つまり、新規需要は喚起していない「ゼロサム」なんです。さらに、こんなことをすると、地域全体のイメージが落ち、客足も減る。それと同じことがビジネスでも起きているといえそうですね。

海老原　結局、日本の商慣習だと、「ＡＩも無駄な汗かき道具」に帰してしまいそう……。

井上　とはいえ、私はそんなに悲観しておりません。最近、仕事は仕事、私生活は私生活と、割り切る若者が増えているでしょう。イクメンも広まってきたし、日本人総体の意識も徐々に変わるのではありませんか。

海老原　ここもまとめておきましょう。**対面セールスは、相手をその場に留め置いてこちらの話を聞かせる（時間と空間をつかむ）、という強制力がある。**だからそれはそう簡単になくなりはしない。その「時間と空間をつかむ」ために、信頼確保という前段があり、だから**営業は、儀礼的な接触を続ける。**こうしたことが1セットになっている営業は機械代替が難しい。

ただし、実際に「時間と空間をつかんだ」後に、**商談でなされるプレゼンテーションは劇的に進化していく。**それについてこられない人たちはどうなるか。日本の商慣習では、顧客の要望にそって、AIが作った大層なご託宣を読み上げる、という「肉声需要」が相当しばらくの間、残り続けるのではないか。こんなところでしょうか。

（これらの対談は、2017年9月～10月にかけて行われた。対談者が語る各社の概況は、この対談時点でのものである。）

Chapter

3

この先15年の結論。
ＡＩは救世主か、
亡国者か

ＡＩは多くの人から仕事を奪い、失業者が路頭に迷う暗黒の未来へと私たちをいざなうのか。それともＡＩは社会を豊かにし、雇用を増やし、賃金も上げるのか。１章で理論的な流れを、２章では雇用の現実からの検証をしてきた。この章では、日本の置かれている社会状況と照らし合わせながら、社会がどうなっていくのか、を考えることにしたい。

その際、いくつかの注意をしておく。

まず、50年も１００年も先の話はしない。**これから15年の話**に限定する。

このタイムスパンだと、ＡＩはまだ特化型にとどまり、人間と同様の様々な作業がたった1台のロボットで事足りるようになる汎用型ＡＩは普及していないため、比較的予想がしやすい。

続いて、このタイムスパンだと日本の将来、とりわけ生産年齢人口もほぼ確実に推測ができる。生産年齢人口というのは、15歳から65歳未満の人口を示す。だから、今0歳の子供が、15年後には生産年齢人口に達する。ならば、0歳児の人数に15歳までの生存率を乗じれば、15年後の生産年齢達成者がほぼ正確に推測できる。それ以降はまだ生まれていないので、推測ができない。

15年後までなら、この2つの理由から、かなり「**当たる**」**将来予想**ができるだろう。

この間に、日本は生産年齢人口が激減する。それを様々な手段で補わない限り、社会の活力は維持できない。AIはそれに資するのか。それに不足するのか。それとも人口減少を大きく上回るほどの雇用削減が起き、失業者を多々生み出すのか。考えていくことにしよう。

少子化と人口減のヤジロベエ状態

AIが雇用に及ぼす影響をまとめる前に、現在、社会がどんな状態にあるかを振返っておこう。

少子高齢化で生産年齢人口がどんどん減っている。実は、生産年齢人口が減り出したのは1996年のことだから、もう20年以上も前のことであり、それから労働力不足は恒常的な問題としてじわじわと日本社会に広がっていった。ただ、同時にこの20年間は、産業構造の転換期でもあり、製造業の空洞化、公共工事予算削減にともなう建設業の退潮、そして流通サービス業が大規模資本化して生産性を上げたことにより自営業の淘汰が進んだ。

つまり、一方で産業人口の減少により人手不足が叫ばれる中で、一方では構造転換により人手が余るセクターが並存し、結果、好況になると労働力不足が頭をもたげ、不景気になると人員余剰が目につく、という不思議な状況が続いた。ゆえに、雇用労働政策はどちらにも舵《かじ》が切りづらい両にらみとなる。（図表16）

いよいよ労働力確保策も限界に

そのヤジロベエ状態にようやく最近、結論が出始めた。**構造転換のほうは、2008年から2012年まで4年も続いた超円高により、空洞化や淘汰が完全に進み、一足先に「ほぼ完了」状態となる。**

図表16　人口・景気・求人倍率の長期推移

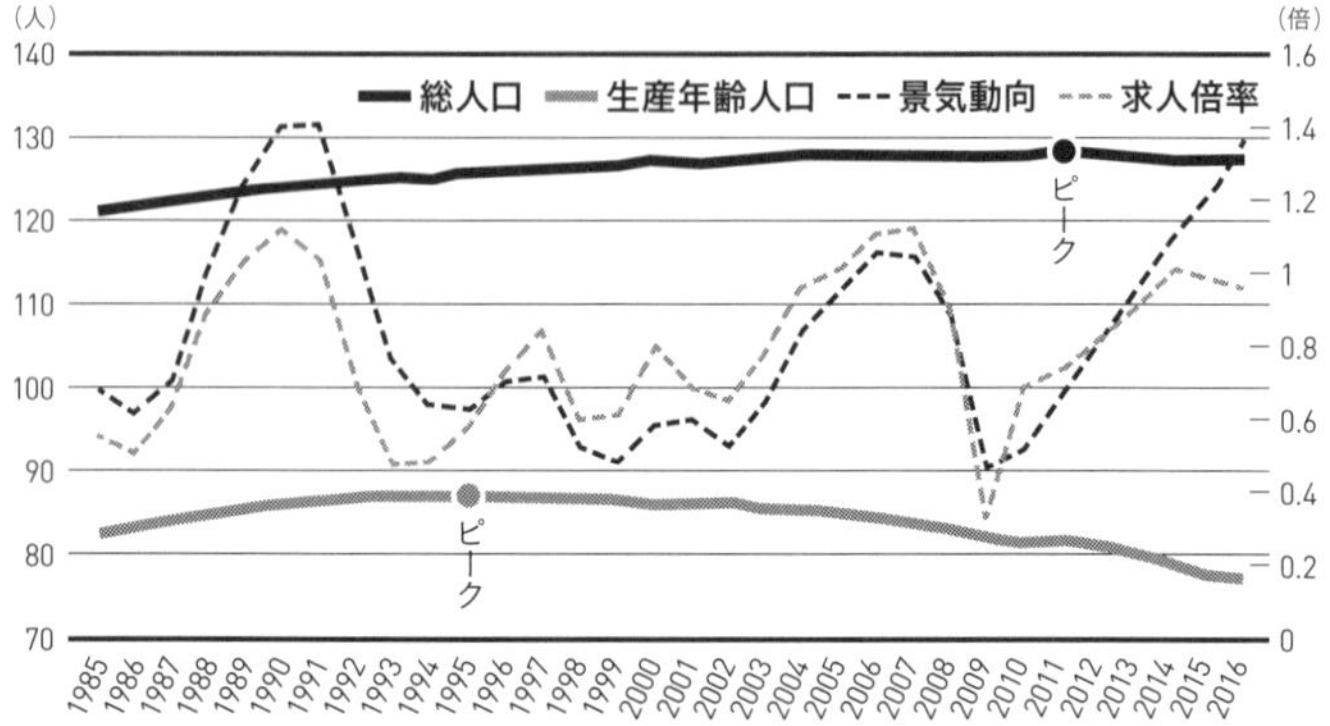

※総人口と生産年齢人口（15～64歳）は人口推計（単位/百万人）
※景気動向指数は一致系ciを景気動向調査より　※求人倍率は、有効求人倍率を示す

2013年時点での産業構造を見れば、製造職従事者は14・3%、建設業（鉱業含む）のそれは4・8%、自営業者（家族従業者含む、製造・建設との重複含む）は11・6%にまで減り、この先の低減余地は極めて少ない状況に至る。

ここから先は、労働力不足が色濃く社会に影響を及ぼすことになる。こんな時期に、団塊の世代の65歳到達とアベノミクスが重なったために、人手不足感は高まり、2017年には全都道府県で有効求人倍率が1・5に達し、バブル期以上の数字を記録した。

それでも現状では、民間企業は日々知恵を働かせて、なんとか人手不足をしのいでいる。そうした企業努力をマクロで見ると、働く高齢者の増加、女性の労働力率の上昇、要件緩和による外国人技能実習生の増加、外国人留学生の増加、さらには学生アルバイトの微増などが起きた。

どうにか労働力をこんな弥縫《びほう》策で絞り出してきたが、それも早晩限界に達するだろう。マクロ的な数字で見れば、2012年から2017年までの5年間で生産年齢人口は540万人も減少している。にもかかわらず、労働者数は約300万人も増えた。無理に無理を重ねて労働力を絞り出している状況なのだ。

ここまで整理すれば、見えてくるはずだ。

今後、マクロで見る限り、労働力不足は相当長く続く。もちろん、不況時には一時的に人手余りは起きるだろうが、それは循環的な要因による谷間で、少しでも景気が上向けば、すぐに人手不足が深刻化することになるだろう。こうした社会状況を見れば、**ＡＩによる業務効率化は、それが極端な雇用破壊を招かない限り、かっこうの人手不足対策として歓迎すべき**こととわかるだろう。（図表17）

事務職の雇用が減らなかった理由

さて、こうした慢性的な労働力不足下においても、局所的にはやや余剰感が残るセクターが存在する。その代表格が**事務職領域**だ。この職域は前述した製造・建設・自営業のような構造転換が進んでいない。ただし、雇用削減が起きず、代わりに非正規による代替が進んだ。次ページの図表18を見ると、ホワイトカラー系職群の中で、事務職の非正規代替の進展ぶりがよくわかるだろう。

ここ20年、わずかに事務職の雇用者数は増えている（図表17）。構造転換が遅々として進んでいない領域だとわかる。その代償として、**正規社員を大幅に減らし、その**

図表17　1999年→2017年での職業別就業者数増減

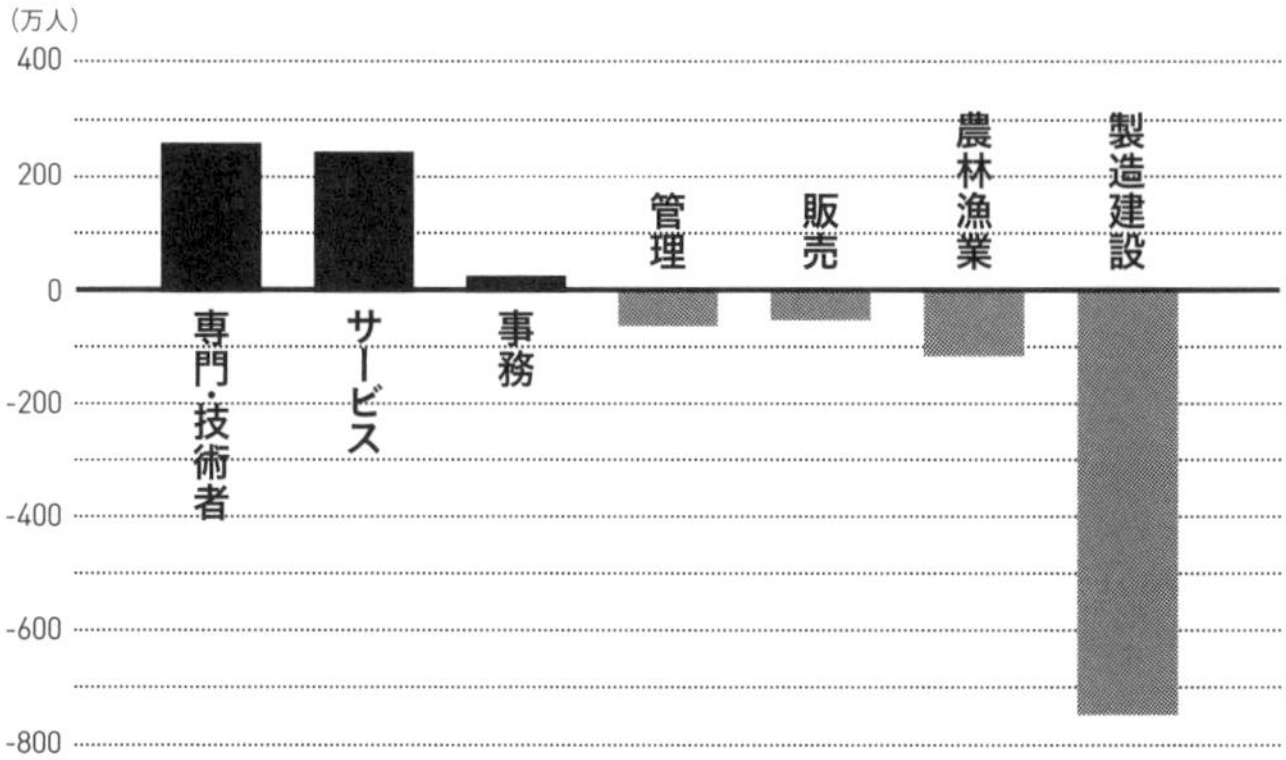

※1999年、2017年労働力調査より

図表18　ホワイトカラー系職務に見る正規・非正規割合

			管理	技術	事務	営業
総数(万人)	男性	正規	32	243	821	289
		非正規	3	24	390	25
	女性	正規	2	25	402	46
		非正規	0	4	313	9
非正規割合		男性	11.1%	10.1%	22.5%	7.0%
		女性	0.0%	13.8%	43.8%	16.4%

※2017年労働力調査より

多くが非正規に転換した。なぜ企業はそのような経営判断をしたのだろうか。

すでに書いた通り、製造業には円高による人件費アップ、建設業は公共事業削減、自営業は大資本チェーン店の隆盛という、やむにやまれぬ事情があり、国内従業者を減らさざるをえなかった。対して事務職には、そこまで切羽詰《せっぱつ》まった事情は存在しない。あえていえば、全社的な合理化の一貫で終身雇用の見直しが起きたことや、業績低迷時の人件費圧縮などがこのセクターへの向かい風だろう。

ただ、この職域で人員削減を行うには、大規模なＢＰＲやＩＴ化が必要で、それにはお金も手間もかかる。だから企業としては、なかなかそこに踏み込めない。一方、不況時に短期的な人件費圧縮を行うだけであれば、非正規化して有期雇用にすれば事足りる。そうすれば、年功昇給も抑えられ、採用コストも低減できる。そこで、多くの企業は、非正規化を選んだ。だから事務職の雇用は減らず、質的変化にとどまったといえるだろう。

企業がこうした経営選択をできた背景には、「女子の事務職志望者が多い」という社会背景もあった。企業にとって事務職は総じて買い手市場だったから、非正規化という待遇ダウンがまかり通ったのだ。

こうした状態が20年来続き、今でも事務職に関しては、相対的に有効求人倍率は低い。が、それでもその数字は1を超え、人手不足感はようやく高まりつつある。一方で、事務職を供給する教育機関である商業高校・短大・4年生女子大の卒業生はどんどん細っている。つまり、**この先は事務職領域でもかつてほどの買い手市場感はなくなり、企業は本気で構造転換を迫られる**ようになるだろう。

この領域で310万人の人材創出が可能

いよいよ事務職の効率化も待ったなしという中で、これからの15年を考えてみる。

まず、2章「事務職の未来」の対談でもわかったように、この領域の構造転換は、**AI化よりもIT化が決め手**となる。それは技術の進展を待つまでもない。すでに先進的な大手企業ではそれがほぼ完了している。結果、**人事・総務系の事務職員は、全従業員比1%程度、経理系でも2%程度にまで人員削減が進んだ。**こうして合理化が社会の隅々まで進んだ場合、事務職領域の雇用がどの程度減少するか、そのボリュームの変化を推測してみたい。

まず、現在、事務職領域で従事する人は労働力調査によると1295万人となっている。一方、合理化を進めると、帳票入力などの単純事務職は、全就労者ベースで3％にまで縮減できる。現在の雇用者数（約6500万人）からすると、その3％は195万人程度。なんと、現在から1100万人も削減……!?　いや、ここまで極端に人員は削減できないだろう。なぜなら、事務にはホスピタリティ系の仕事や管理・クリエイティブ系の仕事も含まれているからだ。こうした領域は雇用削減が起きないと考えられる、その数を「残るほう」に加算しておかなければならない。概算でその数を推計してみる。

ホスピタリティ系の仕事の筆頭は秘書だ。その数は経営管理者（144万人）の3分の1と推定して約45万人。

続いて「その他事務職」というくくりで事務周辺職が215万人。こちらには多くの職務が入るが、ボリュームの大きいのが、コールセンター系の仕事となる。これも細分化すると、単純オペレーター、テレアポインター、テレセールス、電話秘書など中身は多様だ。

こうした仕事は、①ホスピタリティ系（電話秘書）、②営業系（テレアポインター、テレセールス）、③単純事務（オペレーター）と分類できるだろう。①②はここ15年では減らない職務とわかる。③は一見減りそうだが、現実はそうならない。これも2章の「事務職の未来」で説明した通り、業務自体の判断はＡＩ化されていく。ただし、それを伝えるのはやはり「生の人の声」が必要とされるからだ。もちろん、自動音声受付も浸透はするだろうが、この領域自体がまだまだ拡大するので、減少分と拡大分が相殺する程度ではないか。トータルで考えると、「その他事務職」の減少余地は少ない。

続いて、営業事務・庶務も、顧客対応や営業フォローなどのホスピタリティ系要素が大きい。その数は、標準的な「課」が営業職員5名で構成されるとして、営業職員（３４７万人）の数から概算で70万人程度。また、店舗にも同様の販売サポートが必要で、その数も標準的な店員は1店に10人と想定し、販売職（５１５万人）の数から約50万人とする。

続いて管理・クリエイティブ系の事務職の概算だが、こちらは事務職のうち正規スタッフの2人に1人という推定で考えると、約４１０万人。

これらを足し合わせると、事務領域のうち、残ると予想される数は次の通りとなる。

①単純作業の事務　１９５万人

②ホスピタリティ系の事務　380万人
③管理・クリエイティブ系の事務
410万人

合計で985万人となり、現就業者1295万人との差分である**310万人分の雇用が減少**する。こんな流れが、現在から15年くらいで完成するのではないか。この予測通りに社会が変化すると、事務職希望者にとっては、冬の時代になりそうだ。（図表19）

ただ、同時にこの15年で**労働人口は約653万人も減少**する（試算根拠は後述）。とすると、社会には人手不足が蔓延《まんえん》しており、事務職領域から創出される310万人

図表19　事務職領域の雇用減少

労働力調査		詳細分類の就業数推計			15年間の雇用喪失推計		
分類	就業数	詳細分類	推計法	推計値	カテゴリー	減少傾向	減少数
一般事務	922	秘書	経営管理者×1/3	45	ホスピタリティ系	減少せず	
		営業事務	営業×1/5+販売×1/10	120			
		管理・企画	正規職員×1/2	410	管理・クリエイティブ系		
		単純事務	上記を除いた残数	347	事務処理	総就労者の3%に減少（195万人）	310
会計事務	158				事務処理		
その他事務	215				ホスピタリティ系	減少せず	

※2017年労働力調査より推計（単位／万人）

を心待ちにしているともいえる。かつて、製造業が海外移転したときのように、「人員余剰が出ても引き取り手が少ない」時代とは異なる。

社会全体の活力維持も踏まえ、あえて事務職領域合理化の旗を振る、という蛮勇が、労働政策的に必要となるのではないか。

そのためのボトルネック解消策を以下に少々書いておきたい。

中小企業を集めて事務を合理化

事務領域は劇的に合理化ができるはずなのに、遅々としてそれが進まない理由のうち、見過ごされているのが、「**中小企業の問題**」だ。事務担当の人数が少なすぎるため、集約化・合理化投資するメリットが小さい。だから、現状維持をしてしまう。そこを解決するために、必要な施策として、「**地域の事務代行センター」を作る**ことを提唱したい。

商工会議所や全国中小企業団体連合、経営者協会など地域の中小企業が参加する経済団体が音頭をとって、事務代行センターを立ち上げてみてはどうか？　傘下企業は、請求・支払・給与／保険業務などをすべてそこに委託する。**1社ではとても成り**

立たない事務の合理化を、地域の多数社を集めて実現する、というものだ。

この仕組みは、参加企業だけでなく、相手側となる取引企業の生産性をも向上させるだろう。今までは星の数ほどある中小・零細企業に取引先企業はいちいち、請求・支払いを行なわなければならなかった。その支払いフォームや支払い規定などはまちまちで、それらに対応することで、取引先企業には多々、事務業務が発生していたのだ。それが、地域ごとに1つに集約される。取引コストは目に見えて低減するだろう。しかも、業務フローが整理されることで、支払い・納品サイクルなども短縮できる可能性もある。（図表20）

こうした仕組みを、官主導で作ってみてはどうか？　少子高齢化で労働者不足が日に日に深刻になる中で、大きな可能性を持つ「事務の合理化」に対して策を講じるのは、重要といえるだろう。

流通サービス業に人手不足が集約される理由

流通サービス業ほど、今後の労働力不足が深刻になる産業はないだろう。そういう意味で、ここでは、ＡＩによる人手不足解消が喫緊《きっきん》の課題となる。

図表20　事務代行センター設立による効率化

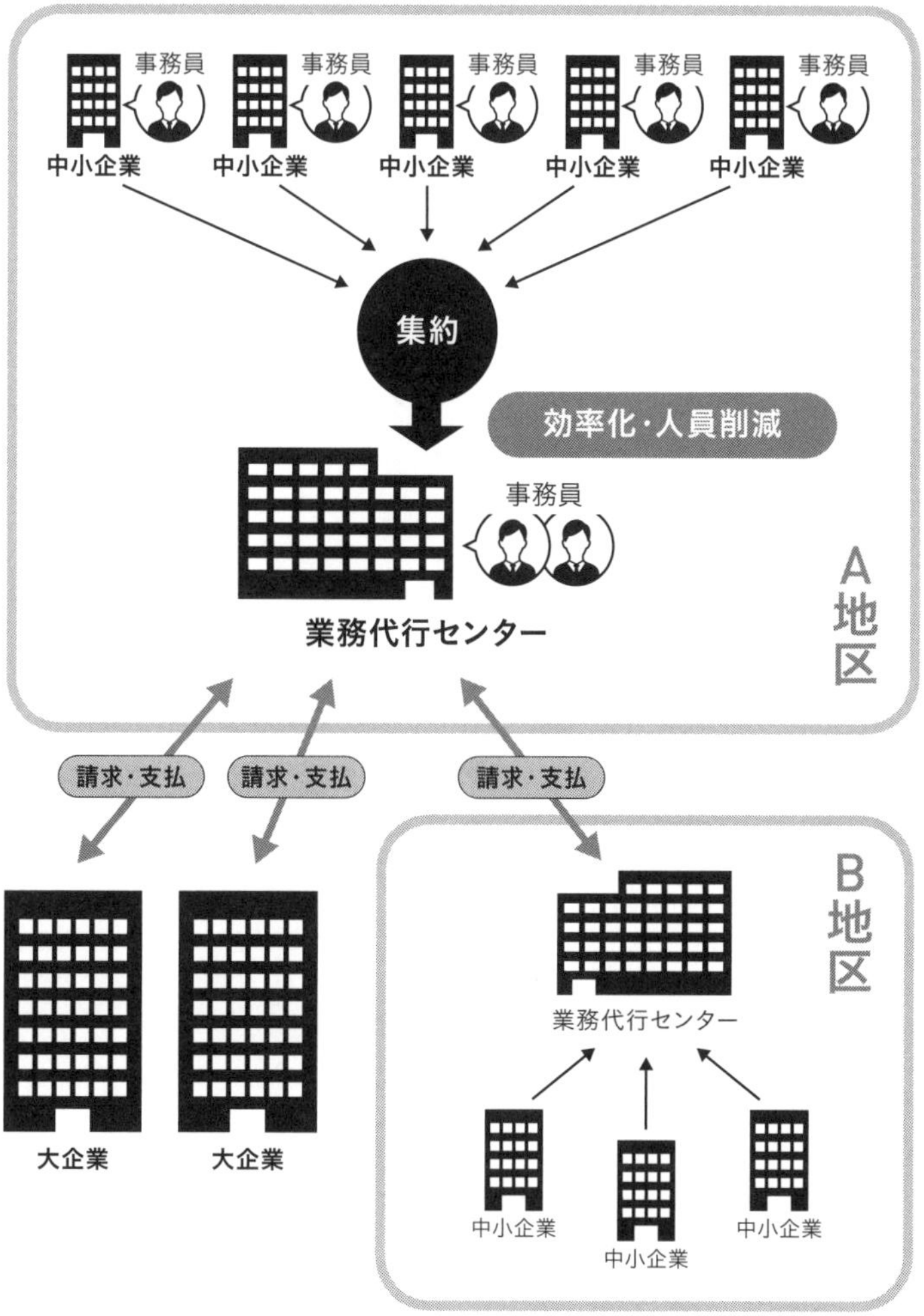

なぜ、それほどまでに人手不足になるか。それは、少子高齢化による雇用構造の変化が、流通サービス業にしわ寄せされる構図になっているからだ。そこをまずは説明しておく。

流通サービス業は、基本、パートやアルバイトなどの非正規雇用で支えられてきた（図表21）。労働力調査を見ると、この職務領域では、正社員414万人：非正規701万人と**6割以上が非正規**となっており（別途、自営・分類不能が208万人）、極端に多い。その**非正規社員の中核をなすのが「主婦パート」だった。それが昨今、急激に新規流入者が細っている。**それは少子化だけの問題ではない。

図表21　流通サービス業の就労状況

		商品販売	販売類似職	介護サービス	生活衛生サービス	飲食物調理	接客・給仕	その他のサービス	合計
雇用	正規	134	12	100	26	56	41	45	**414**
	非正規	268	9	78	21	124	124	77	**701**
	非正規割合	66.7%	42.9%	43.8%	44.7%	68.9%	75.2%	63.1%	**62.9%**
自営・分類不能		72	20	1	39	42	19	15	**208**
総計		474	41	179	86	222	184	137	**1323**

※2017年労働力調査より

まず、日本の産業界は長らく、男性偏重で女性を受け入れてこなかった。そのため、女性の雇用は事務職が中心となり、だから、4年制大学に進むよりも、商業高校・短大・専門学校を最終学歴にする人が圧倒的多数となった。そこから男女間に学歴格差が生まれ、それがまた男性偏重を推し進める、という悪循環が続いたのだ。

この流れを変えたのがバブル崩壊だ。前述した通り、経営体力がなくなった企業は、女性事務職を非正規に切り替える。結果、短大・専門・商業高校を卒業した女性たちは、一般職正社員として就職することができなくなり、今度は4年制大学への進学率が高まり出した。1996年には短大よりも4年制大学への進学者が多くなり、彼女らが卒業をする2000年前後から、ようやく産業界も「総合職女性」採用を増やし出した。

日本型の遅い成長ステップに乗った彼女らは、2010年を過ぎたあたりから教育期間を終えて一人前の戦力となっていく。このころから企業には「ゆらぎ」が生まれ出す。元来、企業は女性事務職に対して、雇用するのは結婚もしくは出産まで、という常識が染みついていた。ただ総合職だと、ようやく投資を終えて元が取れ始めるのが結婚・出産適齢期となる。元を取る前に辞められては企業としては経営が成り立たない。そこにアベノミクスでの人手不足も重なり、とても「出産で退社」を許容できるような内情ではなくなっていた。だから昨今、女性活躍の気運が盛り上がり出したのだ。

この流れの中で、流通サービス業が割を食うのがわかるだろうか。

まず、女性の高学歴化により、流通サービス業就業者の多くを占める高卒・短大卒・商業高校卒業者が激減した。

続いて、かつて事務職として企業に雇用された女性は、出産退職して育児期は専業主婦となり、子供の手が離れたころ、再び復業していた。その際の雇用の受け皿は流通サービス業となった。だから流通サービス業は、優秀な主婦パートタイマーを廉価に雇えて業績を伸ばせた。ところが昨今は総合職となった女性を、企業はなかなか辞めさせない。だから主婦パートが採用できなくなっている。

雇用全体を見るとよくわかるだろう。人手不足といってもホワイトカラー領域は、まだ人材供給は細っていない。なぜならかつてはそれが男性一辺倒だったところに、最近は4大卒女性が採用され、しかも辞めないからだ。一方、流通サービス業界はそのあおりで極端にパート主婦人材が細っている。

高齢者と外国人頼りは限界だが、機械化も難しい

そこで、流通サービス業は、**高齢者と外国人留学生へのリーチ**を広げている。外国人留学生の場合は、在学中のアルバイトだけでなく、新卒採用としての正社員採用も増やしている。これで当面はなんとかぎりぎりで人材を確保できているが、団塊世代が後期高齢者となる2022年ごろから高齢者の活躍も頭打ちとなる。外国人留学生も、計画では30万人を目標としているので、現状約20万人からの伸びしろは10万人しかない。じきにこの2つの弥縫策では通用しなくなる。

ところが、この領域ではAI化がなかなか結実しない。2章の「あきんどスシロー」の話を見てもらえればわかるだろう。流通サービス業は事務処理のようなパソコン上で完結する仕事ではなく、作る・動かす・応対するという、こまごまとして多彩な物理的作業が主となる。つまり、省力化の決め手は、メカトロニクスであり、AI単体では意味をなさないのだ。

対談内で交わされた「メカトロニクスの導入がなぜ難しいか」を復習しておこう。

①熟練のノウハウを再現しなければならない。
②様々な作業が連続して生じるため、機構設計が複雑になる。
③たまにしか発生しない作業が突発的に途中に入り込む。

たとえば、①なら寿司ネタを魚種に応じて最適に捌くには、寿司職人の技が必要となる。②なら、ネタを捌くには、皮をはぐ動作、水でしめる、調味料で下処理する、湯がく、干す、などの連続であり、それも、素材により必要なものとそうでないものが入り混じる。③なら、たとえば、寿司ネタにより入荷時間や入荷方法が異なり、それに合わせて入荷作業を行い、バックヤードにストックすることが必要となる。

たった1人の人間が、これだけ多彩なことを受け持つ。だから、それを全部メカトロニクスに置き換えることが難しいのだ。これらに対して作業ごとにメカトロを組んでいたら、何十もの機構が必要で、とんでもなく高額な機械となってしまう。しかも、場所も取るだろう。そして、そこまで投資しても、機構によってはほとんど使われない（たとえば、「湯がく」という機構はハモなどの一部の魚にしか必要ない）。

こうした多彩な仕事を機械化するためには、1つの機械が人間のようにすべてを万能にでき、また新しい作業が発生してもそれを後づけで学べる、「汎用ＡＩ型」のロボットが必要となる。とすると、**本格的な省力化が始まるのはその第一弾として全脳アーキテクチャ型ＡＩが登場し、それがロボティクスと結びつく時代**だろう。たぶんそれが市場に出回るようになるのは15年程度先と読む。

地道なAI化と機械化で、人は「すき間仕事」に追いやられる

さて、ではそれまでの間、流通サービス業はどうやって人手不足をしのぐのか。１つは、**サービスレベルの低減**が選択肢となるだろう。それはスーパーの「セルフレジ」などに代表される「顧客自らが作業をする」仕組みだ。その分、店舗側も人件費が削減できるから、セルフレジ使用者には値引きをする、というインセンティブをつけて、そちらに誘導することで実現が可能だろう。すでに、ガソリンスタンドではセルフサービスとフルサービスが併用され、セルフ利用者には値引きがなされている。中国などでは無人コンビニもかなり浸透している。そこそこ規模の大きい日用品量販店では、こうした方向での人員削減が浸透していくだろう。

もう１つの方法が、多彩な動作をすべて自動化するのではなく、**機能を絞って自動**

化し、間《あいだ》に入るすき間作業を人間が請け負う、という形の省力化だ。ただ、この流れはすでにだいぶ進んでおり、今後、ブレークスルーが起きるというよりは、過去からの連続線上での小さな変化の連続でしかない。

たとえば、回転寿司であれば、すでに「握り」はロボットに任せている。人間はそれにネタをのせるだけだ。ネタにより調味料や装飾が異なるから、そうした「すき間作業」を人が請け負う。食器洗いも食洗機があり、現在人が請け負うのは、その食洗機の稼働効率を上げるよう、入れる順番や詰め込み方を工夫する部分だ。

ＡＩ化が加わることで、こうした地道なメカトロの進歩が促されることになる。たとえば、ネタごとに包丁の入れ方が異なるため、現在ではそれを人が行っている。今後はＡＩセンサーにより最適なカットが自動でなされるようになっていくだろう。そこまでいくと、人は、皮をはぐ、とか湯引きをする、といったすき間作業だけを任されるようになる。

同様に、現在、顧客をテーブルまでアテンドするのは人が行っている。それは、うまく着席位置を寄せて、寿司レーンを有効活用するためだ。そうしたノウハウもＡＩには向いている。とすると今後は、顧客をどの位置に並べるかはすべて機械が考え、実際の誘導という「すき間作業」だけ人が受け持つことになる。

また、現在でもネタの仕入れは、季節・天気・前年傾向などからコンピュータが考えるようになっているが、そこに店長自らが読みを加えて最終発注している。たとえば、近くで大きなイベントがあるとか、道路工事で渋滞ができてその待ち合いで来客が増えている、などと読むのだ。こうした「読み」さえも、AIならネット上で地域情報や交通情報を集め、またPOSデータから来客層の流れを読み、簡単に代替してしまうだろう。

この流れをまとめると、こんな風になる。

20年以上もすると、汎用ロボットが登場し、流通サービス業の雇用は革命的に変わる。ただ、それまでは、メカトロニクスとAIの地道な進歩で、小さな変化が連続的に起こる。その小さな進歩は、**今まで「属人的ノウハウ」とされていたことが機械化されていくプロセスであり、結果、人手はすき間作業へ集中する**ようになっていく。

15年間での人手の削減は1割程度

この過程では、若干の省力化が起こるが、それよりも大きいのは、「**誰でもできる**」

化のほうだろう。たとえば、外国育ちで今まで全く寿司を食べたことのない留学生でも寿司ネタ捌きに携われ、ホワイトカラーで定年まで全うしたサービス業未経験の高齢者が、来店者の最適誘導をこなすようになる。こうして雇用の間口を広げて、労働参加率をさらに上げる方向で、流通サービス業は生き延びていくのではないか。

自動レジなどのサービスレベルの低減と、地道なＡＩ・メカトロ化により、若干の省力化が起きるとして、それによる**雇用の減少は、これから先15年間で1割＝約130万人**と読む。たぶんこの段階で、大規模店では2〜3割の省力化に成功するだろうが、中規模店以下では、各工程を1人で賄《まかな》っている店舗が多いため、機械化メリットがない（機械化しても、すき間仕事が残ればそこに人を置かざるを得ない）。だから、多くの店舗では省力化が進まない、と考えるからだ。

簡単な仕事なのに、誰でも高賃金。その裏で何が……

さて、この「誰でもできる」化は、実は、遠い将来のＡＩ万能社会を考えるうえでの良き参考事例となる。まず、ノウハウが不要となり誰でもできるようになると、これらの仕事は賃金が下がるのか。答えは「否」だ。

理由は2つ挙げられるだろう。1つは、今でも大規模店では、こうしたノウハウ仕事を、実は、長期勤続した熟練パート社員が担っている。彼・彼女らの賃金はそれほど高くなく、新米アルバイターと大差ない。つまり、減額余地が少ないのだ。そして2つ目。これから人材確保がますます厳しくなる。その中で流通サービス業が、賃金を下げることは難しいためだ。

むしろ、機械化で2~3割の雇用削減ができた大規模店は、その浮いた人件費を、人材獲得競争に勝つために残った従業員の賃金アップに向けるのではないか。もちろん、機械の導入コストの支払いが優先事項であり、続いてノウハウの高度化（たとえば銀座の名店のノウハウをプログラム化するなど）にあて、それでも残る余資の範囲ではあろうが。

そうなると、**仕事は簡単になるのに、給与は上がる。**そのうえ、誰でも雇ってもらえるようになる。しかも銀座の名店と同じレベルの寿司が、市井の回転寿司店で食せる。良いことずくめに思えるだろう。

ただ、反面、労働とは何か、という問題が残る。

仕事は、機械が主となり、人間は機械がやらない「すき間」を埋めるだけ。そこにはノウハウなどほぼなく、だから、やりがいも成長も見出すことができない。ただ決められた時間だけそこで働き帰るだけ、という生活になる。それをユートピアと考えるか、ディストピアと考えるか。

営業行為とはプロジェクト進行の一種といえる

ＡＩの進展と一番関係が見えづらいのが、営業職だ。２章対談中で井上准教授は、ＡＩ化されない仕事とは、「クリエイティブ」「マネジメント」「ホスピタリティ」の三語がキーワードになると語っていた。同様の話は、１章で紹介したように、野村総研の上田研究員も述べている。

この３つの要素がどれくらい内包されているかにより、営業職の未来が決まるのだろう。

まず、営業職には、これら3要素と関係のない事務処理的な仕事がけっこう大量に含まれる。ただ、こうした要素は、近年のＩＴ化やＢＰＲにより、事務や庶務を通さず営業本人が端末にダイレクト入力するようになってきた。ゆえに、手書きのわずらわしさからは解放されたが、仕事量自体は（自分でダイレクト入力するため）一向に減っていない。ＡＩの進化により電子秘書が営業各人に配されるようになるまでは、この状態が続くだろう。つまり、ここから15年では事務処理量は不変と読む。

続いて営業職の「無用」と思われる仕事としては、儀礼的なタスクが挙げられる。たとえば、賀詞《がし》交歓会への参加や、訪問後のお礼状書きなどだ。この儀礼的な仕事がなぜ存在するのか。井上准教授と外資系ｅｃ営業職員の対談の中で、その理由が２つ明かされていた。

まず、なぜいまだに人は「訪問して」営業行為をするのか、がポイントになる。その理由は対談の中で、「相手の時間と空間を押さえられるから」と語られていた。そう、メールなら読まずに捨てられ、電話なら切られる。一方、訪問をすると、それは必然的に、「ある一定の時間、同じ場所に一緒にいて」逃げられない状態になる。その状態なら、必ず交渉が行える。だから、アポイントが必要なのだ。その**「時間と空間」をもらうために、儀礼的行為が重要**となる。だから簡単には減らない。

良い営業マンはそこを理解して、儀礼的行為をあくまでも手段としてとらえている。だから、目的である「時間と空間」をもらうためには、どのような儀礼が必要か、相手に合わせてしっかりと手はずを整えるのだ。たとえば、単に肌合いを重視するタイプのクライアントであれば、ちょっと近くまで来たから寄りました、もしくは、来週空いている夜があったら一杯行きませんか、などが重要な儀礼となる。一方、そういう肌合いが嫌いで、とにかく合理性を重視する相手であれば、詳細なシミュレーションデータをそろえて、相手が疑問に思っている要素に対して、かゆいところに手が届いた資料を作り、メールで送る。

そうやって、相手に合わせてアポをもらうために意味のある「汗かき」をするのが良い営業といえるだろう。逆にできの悪い営業は、儀礼的行為を「それさえすればいい」と考え、意味のない行為をする。だから売れない。

この一連の「儀礼→時間と空間をつかむ」という行為は、それ自体が1つのプロジェクトでもあり、それをつつがなくこなす行為は、「**クリエイティブ（顧客への有効打を考える）**」と「**マネジメント（儀礼からアポまでのプロジェクト管理）**」が必要となるだろう。だから、こうした営業は、そう簡単には機械化できない。

営業でも「AIに使われ、すき間仕事に終始する」現象が起きる

一方、井上准教授がもう1つの儀礼的行為の例を出していた。それは、「**重要なの**

は、話の中身ではなく、何でそれを伝えるか」ということだ。この言葉は井上准教授と事務職の対談の中で出てきた。たとえば、残業が多い社員にアラートを出すとき、警告の文句がパソコンのディスプレイ上にポップアップしても、単に無視されてしまう。ところが同じ内容を電話でオペレーターが伝えると、効果が出るという。全く同じ内容、しかも、伝えるのは単なる外部のオペレーター。それでも、肉声だと効果が良いという。

実際、私も全く同じことを、身近なケースで検証をしたことがある。それは、こんな話だ。

私が長く勤めていた転職エージェント業界は、特化型ＡＩの研究に古くから多大な資金を投じてきた。１９９７年にはリクルートグループ内でＶＪＭ（バーチャル・ジョブ・マッチング）という求人推薦エンジンが生まれている。

その後、小泉政権下の好況時代、採用ニーズ拡大で、サービス提供に窮《きゅう》する事態となった。そのときに、業務効率化のために、以下の３つの方法で、どれが推薦効率が良いか調べるというフィジビリティスタディがなされた。

①自動マッチングで選んだ最適求人をメールで自動推薦する。
②自動マッチング結果を、未熟練のアシスタント・アドバイザーが紹介する。
③熟練アドバイザーが手マッチングして、直接、求職者に紹介する。

一番応募率が高かったのはやはり、③の熟練アドバイザーの手マッチングだった。ただ②の自動マッチングを未熟練アシスタントが紹介した場合でも、応募率はそこそこ高く、③比6割程度の数値を示している。一方、②と全く同じものを機械送付した①は、②比100分の1程度しか応募を得られなかった。

そう、機械が直接伝えると業務成果は格段に落ちる。間に人を介すと成果は飛躍的に伸びる。それが端的にわかる事例だろう。要は、「伝える中身」ではなく、「何で伝えるか」なのだ。

こうした面での人の介在は、当分の間続くだろう。それが機械に代替されるようになるのは、たとえば自動音声が限りなく肉声に近づき、そのうえ、かなり高度な即興対応までできるようになったころに、まず電話セールスが代替される。電話の向こうの相手がスムーズに会話をして、「あれ？　これは自動音声の対応なのか」と気がつかないようになるくらいの技術的進化には、やはりまだ相当時間がかかる。だから、**この15年はその意味で営業職の機械代替はない**と読む。

ただ、これは前出の流通サービス業の進化と同じだ。要は、ノウハウの部分はAIが担当し、伝えるという「すき間仕事」のみ人が行う。AIに人が使われる現象が、営業にも浸透していくということだ。こちらは、悪いほうの「儀礼的行為」といえるだろう。

個人営業が消滅しても、営業職雇用は減少しない

さて、営業に付随する儀礼的行為は2つの意味があると理解できたところで、こうした儀礼的行為が必要な領域について考えてみよう。井上准教授は、それを「高額かつ専門的な知識が必要な領域」と話している。対して、「個人向けの廉価で定型的な営業」では、すでに儀礼的な行為が不要となり、どんどん、自動化が進んでいるという。

その事例として井上准教授は、「旅行代理店や生命保険」を挙げた。ただ、こうした領域でも、一部、「AIに使われる形」での人手は残る。なので、電話で応対をする形のオペレーターの需要は残り続けるだろう。同じ保険でも、高額かつ専門要素の強い

法人向け事業保険は、いまだに人が営業を行っているのとは対照的だ。
ここまでの話を整理すると、営業職の未来は以下のように考えられる。

◎廉価な定型サービスについては自動化が進み、人手は少数の電話オペレーターに集約されていく。
◎高額かつ専門性の高い領域は、将来的にも人手を介した営業が残る。
◎結果、個人向け営業職で残るのは、一部の富裕層向けの仕事か、もしくは、キャッチセールス的な属人ノウハウが強烈に必要な仕事となり、あとは衰退していく。

とすると、多くの個人向け営業職の雇用が消失するため、この分野の雇用は今後減っていくように思えるが、私はそう考えていない。まず、その根拠となるデータを示そう。

すでに書いた通り、ここ20年で、旅行や生保、個人向けの損保などではその多くがネット取引で省力化された。ところが、この間、**営業職従事者は減るどころかむしろ増えている。**20年で、生産年齢人口は約1000万人、総人口も100万人減っているにもかかわらず、だ。

たぶん、**日本の社会は、どこかで営業職の余剰が生まれれば、それをさらに営業職が必要な領域で吸収してしまう**のだろう。そこにはどのようなメカニズムがあるのか。なぜ日本はそうなのか。この部分について、雇用に長く携わってきた経験から、以下、私見を述べさせていただく。

営業も「すき間労働化」する欧米、いまだに「汗かき」が重要な日本

かつて私が、スナック業界の営業職取材を行ったときの話である。

日本の中堅お菓子メーカーで30代後半ともなると、けっこうな営業スキルが必要とされる。

担当する大規模小売店などのバイヤーと折衝するときには、俗にいう「7つ道具」を背負っていくのだ（といっても物理的な意味ではない）。店舗ごとの売り上げ状況を見ながら、その場で、7つ道具を利用して、売り上げアップのための即興提案を行う。こんな具合だ。

◎午後4時台が売れない→主婦対象だから、「マネキン」を入れて実演販売を示唆
◎店員のモチベーションが上がらない→スナックの陳列技術を競うコンテストの開催を提案
◎休みどきに弱い→子連れ需要を狙うため、着ぐるみの手配を行う
◎セールの目玉が欲しい→売り場が交錯する飲料とのセット販売でキャンペーン実施

こんな感じで、経験から培った「処方箋」を忍ばせていき、即応型でコンサルを行う。その提案が通れば、実際にマネキンやコンテスト開催の段取りをつけねばならない。

対する外資系大手メーカーはというと、中央コントロールによる画一的なキャンペーンの提案書を配布する。非常に良くできた企画だが、それを配るのは非熟練の若手営業だ。そして、キャンペーンへの詳細問い合わせはコールセンターが受ける。つまり、**欧米では、すでにこの分野の営業も、ご託宣を届けるだけの「すき間」労働化しているる**と見て取れる。

欧米型の「下は考えず、上が作ったルーティンを黙々とこなす」方式だと自動化は

早い。一方で、**日本型だと、熟練が必要でなかなか自動化や非正規化がままならない。**だから、営業領域の雇用が一向に減らないのだろう。

ただ、日本型の「末端営業まで頭を使って工夫をする」型の営業が、顧客の売り上げを伸ばしているか、というとそれには疑問符がつく。即興コンサルで示したその策は、売り上げを増やすことよりも、「頑張ってくれてるね」という顧客の信頼獲得が主目的となっているからだ。そうすれば数字が伸びなくとも、顧客は「仕方がないね、ありがとう」と言ってくれる。つまり、「汗かきのための汗かき」が日本ではまだまだ通用してしまう。いくらグローバル化が叫ばれようが、日本国内に特化したドメスティックな営業では、こんな商習慣が支配的となる。だから一向に生産性は上がらず、その裏返しで雇用も減少しないと予測できよう。

営業は「AIを使う人」と「AIに使われる人」に二極化

こうして、日本では、法人向けの営業領域で職務が二極化していくのではないか。

一方は、儀礼的な営業作法を、「時間と空間をつかむ」ための手段として使いこなすデキる営業。もう一方は、汗かきを見せればそれで許してくれるという、儀礼的な営業（とそれを求める顧客）。この2層に分かれて、後者もすたれることなく生き残るのではないか。その近未来を予想させる会話が、井上准教授と外資ｅｃ系営業職の対談の中に見られた。

ｅｃ系の営業だと、細かな費用対効果のシミュレーションが可能だ。ＡＩが進化すれば、こうしたビッグデータを自由自在に操って、効果的かつ顧客の度肝《どぎも》を抜くような提案もできる。それがデキる営業の近未来の姿だ。ただ、こうしたハイレベルな営業には、ライバル企業もハイレベルな営業を充てるため、どちらも一歩も退けない状態が続き、業務の効率化など図れないだろう。その様を井上准教授が、「刀がレーザーソードに変わっただけで、チャンバラを続けている」と揶揄《やゆ》していた。まさにその通りだろう。

一方で、そこまでの技量を持たない多くの営業職は、従来通り、顧客が多々要望を出し、それを社に持ち帰ってＡＩに入力し、生み出されたご託宣をありがたく顧客に持っていく。それを、メールや電話ではなく、対面で「人が話す」という行為で営業が成り立つ。顧客としては、あれこれ注文をつけ、そのすべてに忠実に応えることで信頼感が醸成《じょうせい》される、というメカニズムだ。これは、ＡＩが考え、伝える部分だけを人が担う「すき間」労働に他ならない。結果、欧米企業とは形は異なるが、**営業の「すき間労働化」が進む**のだろう。

ないない尽くしの3K業界が選んだ選択肢

事務、営業とホワイトカラー職の未来を述べてきた。ホワイトカラーで残るは、**企画や管理、経営職、そしてエンジニア**となるが、こうした職務に関しては先のＡＩで代替されない３要素が素人目にもふんだんに盛り込まれていることがわかるので、少なくとも**15年スパンでは淘汰されることはない**だろう。

とすると、あと世間一般に認知されている主な仕事は、第一次・第二次産業系となる。**農林水産業と製造、建設**がその主なものだ。この領域の仕事は、肉体労働比率が高く、一時期、「きつい・危険・汚い」の頭文字をとって、３Ｋ職などと失礼極まりない呼び方をされた。これら職務での雇用はこの先どうなっていくか。

まず、この章冒頭に書いた通り、３Ｋ職は、農産物輸入解禁や、製造業の空洞化、公共事業予算の削減で、かつてより雇用が大幅に減少している。農林水産業ではその従事者がピーク時（１９５５年）比１割以下に落ち込み、現在は産業人口の３％しか占めていない。同様に製造業もピーク（90年）比約4割、建設業は同（94年）約2割にまで落ち込んでいる。ただ、3業種とも、ここ数年は就業人口も底打ち状態だ。（図表22）

要は、構造転換が進み、少数ながら「強い」もしくは「残存理由がある」事業者が残って雇用を維持している状態といえる。ただ、し烈な人件費競争にさらされているだけに、賃金水準は総じて高くはない。しかも、前述の通り3K環境にある。だから、この人手不足下において、新規に人材を確保するのが困難だ。さあ、これから先どうするかが思案のしどころだろう。

当然のことながら、この3K領域こそ、

図表22　農林水産と製造建設系の職務従事者の推移

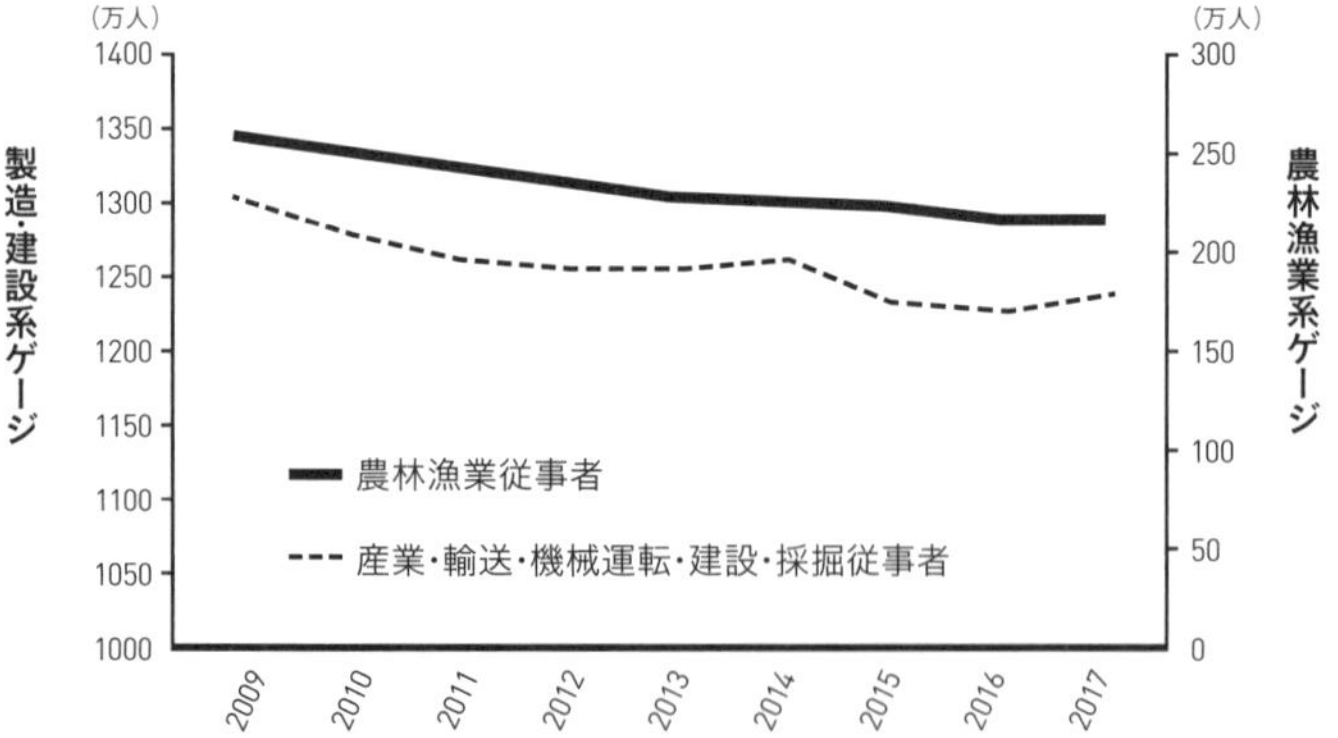

就業人口は底打ち状態になっている。

※労働力調査を基に作成

※2010年までと2011年以降で、労働力調査の職務分類が異なるため、著者が変更分の職務を調整した推算値

機械代替が待ち望まれる。しかも、対人折衝が主となる流通サービス業と異なり、3K職にはそれがほぼない。つまり肌合いとか、受け答えとか、機微など、AI化しにくい要素が極端に少なく、機械化に向く。ただ、流通サービス業でネックとなった問題が、こちらでも発生する。まず、AI機能だけではなく「メカトロニクス」が重要となる。どの仕事も、種類の違う様々なタスクを、細切れで1人の人間がこなしている。それを全部機械化していたら、たまにしか使われない機構が膨大に積み重なり、とても費用対効果が見合わない。そこで自動化にはいくつかのステップが必要となる。

様々なタスクの中で、比較的ボリュームの多い単一作業をまずは機械化する。続いて、「勘」や「経験」が必要なノウハウ部分をAI化する。残った、誰でもできるような単純の細切れ作業を人がする。そう、「すき間埋め」労働が人に任されるようになる。その後、全脳アーキテクチャ型の汎用AIが世に現れ、同時にロボティクスが進化したころ、人間同様な1つの機械が、細切れのすべての仕事を担当するようになり、全量が機械に代替されていく。この流れは流通サービス業と似てくるだろう。

ただ問題は、こうした機械化の流れは、流通サービス業や事務のときと同じで、「ある程度の企業規模」がないとスケールメリット的に釣り合わない。現状、３Ｋ領域の企業は零細・個人経営が非常に多く、機械化投資がなかなか進まないだろう。ということで流通サービス業同様、この領域でも**現就労者数の1割程度の「ＡＩによる効率化」がここ15年で起きる**とする。その数は**おおよそ１３０万人**ほどだ。

また、ただでさえ、不人気な中で、すき間を埋めるだけの仕事を、低単価で請け負うという人材はなかなか見つからない。

こうした「ないない尽くし」の状態で、明日への解を見つけるとするならば、それは、「**途上国の低賃金労働者の移民**」が想定されてしまう。日本は正直、この方向に舵を切ったと言わざるをえないだろう。それが、**技能実習生の大幅な要件緩和**だ。

外国人技能実習制度でブラック撲滅が進み日本人も救済される

外国人技能実習制度とは、外国人の未習熟者に研修を施《ほどこ》し、本国に技能を持ち帰ってもらう、という国際貢献が本来の目的ではあった。ただ実際は、途上国の低賃金労働者に他ならない。こうした本音と建前の齟齬から、この制度はかなり問題を起こしてきた。そのたびに、法改正がなされ、外見的には条件が整ってきてはいる。

例を挙げるなら、保証金などの前払金の禁止、帰国費用は受け入れ側の全額負担、パスポートなどの預かり禁止、受け入れ後教育のメニュー化、などが現在では義務化されている。

それでも問題はいまだに起きている。その理由の1つは、送り出し国側の問題であり、従来は、他国への干渉となるため、なかなか取り締まりができなかった。が、直近の法律では、送り出し側で取り交わされた契約などを、受け入れ時にチェックする義務なども盛り込まれ、だいぶ、改善が進んでいる。

さらにもう1つ。外国人技能実習制度の労働基準監督署ともいえる「外国人技能実習機構」が設立され、厚生労働省と法務省から一気に600名を配置した。人手不足が叫ばれる労基署と入国管理局を中心に、これだけの数を集めたところに政府の本気度もうかがい知れる。もともと、技能実習生は、来日1年経過時に資格審査を施し、そこで日本語レベルや技能習熟レベルが規定に達せないと帰国させられる仕組みになっていた。法改正後は、受け入れ団体を許可制から認可制に変えたため、その合格率が低い団体に対しては、「受け入れ停止」を行うことができるようになった。実習生からのクレームや査察の結果でも、認可取り消しができる。

ここまでやってもまだ、問題は発生する可能性はある。それでも、この制度は意義があると私は考える。それは、こんな規制を敷いてもまだ悪行を重ねるような悪徳事業者は、外国人技能実習生に対してだけでなく、そこで働く日本人労働者にも問題行為を行っているはずだからだ。そうしたいわゆる国内ブラックに対しては、労基署の監督が行き届かなかった。ところが、技能実習生を雇うことにより、外国人技能実習機構による「濃い」監督を受けることで、悪事が明るみに出やすくなる。結果、**技能実習生を雇うことがブラック撲滅《ぼくめつ》につながり、その企業で働く日本人労働者までも救うことになる。**だから、苦渋の策とはいえ、この制度を前向きにとらえるのだ。

最終的に80万人程度の技能実習生が日本で働くことになる

長らく書き綴《つづ》ったが、それでは近い未来、技能実習生はどのように増えていくのか。そこを少し推測してみよう。

まず現在、日本国内には20万人ほどの技能実習生がいる。法改正前は、受け入れられる人数の上限は、1年度当たり、企業従業員数の5％、そして期間は最長3年。それが、改正により、人数は毎年1割、期間は5年に延びた。単純計算すると、この緩和により技能実習生枠は3倍強に増えたことになる。

同時に受け入れ可能職務も追加された。従来であれば農林水産・製造・建設に限られていたものに、介護が加わったのだ。

上限人数や期間は緩和された枠を目一杯活用するまでに時間がかかるため、この先しばらく一段の緩和は起きないと読む。一方、受け入れ職種は業界団体の要望により、逐次、増えるはずだ。そこで、最終的には、現状の4倍近くまで技能実習生は数を増やすのではないか。とすると、**将来的な人数は20万×4＝80万人**と考えられる。

3K職でもとりわけ、企業規模が小さく、機械化投資に見合わない零細企業に対して、80万人の技能実習生でなんとか事業を継続する、という構図だ。

付け加えておくが、従業員の1割というのは「毎年受け入れられる人数の上限」である。毎年1割ずつ受け入れ、彼らが5年滞在すると、なんと全従業員の5割にもなる。

しかも、この制度には抜け穴がある。1割という上限枠は、従業員数50名を超える企業に課されたものであり、50名未満の企業は一律5名となる。いわゆる家族経営の零細企業でも5名が受け入れられるのだ。この制度が、いかに、零細企業救済に帰するか、見えてくるだろう。

6省で合議された留学生30万人計画の持つ意味

技能実習生の話が出たついでに、その他の外国人労働者の行方も考えておこう。

ここで一番大きな人数となるのが、**留学生**だ。技能実習生の対象は、そのほとんどが第一次・第二次産業となっていた。一方、留学生は２００９年の法改正で、就学ビザがある間は週28時間（長期休暇中は40時間）まで、原則どの職種でも従事可能となった。技能実習生が受け入れられない流通サービス業にとって、これは福音だろう。

法改正の前年に麻生内閣で、留学生30万人計画が閣議決定されている。このときは文部科学省・外務省・国土交通省・法務省（入管）・厚生労働省、そして経済産業省の6省で合議された。経産省が加わるあたり、留学生とはいえ、その実、企業の戦力としてのアルバイターという側面がかなり視野に入れられていたと読めるだろう。

留学生30万人計画は当初順調に推移したが、東日本大震災で日本回避の風潮が生まれ、その後しばらく停滞する。が、アベノミクス後の円安や就職活況で再び留学生数は増え出し、現在は20万人を超えたところだ。この伸びを続ければ、**近い将来、計画**

の30万人にまで達するだろう。彼らは、流通サービス業のアルバイターとして期待されている。と同時に、生徒募集に窮する不人気大学の定員確保にも資している。このあたりは文科省の思惑が反映されているのだろう。

留学生が卒業後に就職し、最終的に毎年1万人程度の永住者が生まれる

またさらに、大学を卒業した留学生が、企業に新卒で総合職採用された場合、就労ビザが容易に取得できるようにもなってきた。結果、毎年2万人強の留学生が日本で新卒就職して就労ビザに切り替えている。彼らの多くは、流通サービス業の幹部候補となっていく。これも流通サービス業にとっては天の恵みだろう。

彼らの入社後のキャリアパスも、充実している。まず、ほとんどの留学生は学生時代に流通サービス業でアルバイト経験があるため、接客についてはかなりのレベルに達している。その分、店舗での下積み経験が短くて済む。そのうえ、母国語、日本語、そしてたいてい英語も流ちょうに話せる。だから、店舗での「通訳業」もこなせて、インバウンド観光客集客の良き武器にもなる。

さらに、彼らはなかなか辞めない。理由は明白、日本滞在10年で永住権が取得でき

るからだ。とすると大学の4年にプラスしてあと6年就業する必要がある。入社者の定着率が低い同業界にあって、「6年間耐え忍んでくれる」元留学生は本当にありがたい存在だろう。

そして、6年経つとどうなるか？　バイト経験がある彼らは、早期に戦力化可能だ。6年後というと、早々と下積みを終え、本部経験を1～2年しているころだろう。そこではいっぱしの統括役ができている。企業にとって彼らは、アジア各地に海外展開するときの先兵役にうってつけだ。元留学生的にも、現地採用の安い給与ではなく、本社からの赴任として日本本社並みの給与で、母国に捲土重来《けんどちょうらい》できるのはうれしい。唯一、ネックとなるのは、海外に出るとその間が日本滞留期間にカウントされないため、永住権獲得の障害になることだが、それを取得したあとでは全く問題はない。

こんなキャリアパスが、多くの大規模流通サービス業で整いつつある。**ここまでたどりつく留学生は、新卒入社者（2万人超）の半分、たぶん年間1万人程度**ではないか。彼らは永住権を有する「移民」となる。移民にはアレルギーを持つ日本人も多いが、その数は年間1万人程度であり、しかも、日本の大学を出て日本の企業に長らく勤めた、ジャパナイズされた人たちだ。

外国人による労働補填の全体像

整理してみよう。

3K職で年間80万人の技能実習生、流通サービス業には30万人の留学生アルバイターと年間2万人の留学生新卒採用という形で、日本の採用困難領域に人材が供給される。AIとロボティクスの進化までの間、こうした状態になると読めるだろう。

たぶん、あと15年程度、こうした構図が維持され、その後、AIとロボティクスによる機械化の浸透とともに、少しずつ技能実習生や留学生需要が減じていく。どちらも期間限定の滞留資格なので、日本に永住はできない。なので、雇用ニーズの減少とともに、滞在者は減っていくだろう。唯一残るのは、10年以上滞在して永住権を確保した元留学生だが、その数は、毎年1万人程度であり、彼らはジャパナイズされ、日本社会とは齟齬を起こさない存在だ。

あまりにも日本に都合良い予想絵図だが、少子高齢化で労働人口が急減する我が国には、こんな外国人活躍の気運が高まっている。

AI発展と雇用の構造変化のメガトレンドを読む

ここまでをまとめておこう。

まず、AI化による雇用の機械代替を考えるとき、ネックとなることを振り返っておく。

◎技術的可能性ではなく、費用対効果が問題。導入費用が労働単価を下回らない限り、代替は起こらない。

◎技術面では、AI的な頭脳部分と、手足になる実作業＝メカトロニクスの部分がある。その両方の進化がなければ、代替は起こらない。

◎人間の行っている作業は単一の作業ではなく、種類の違った様々なタスクが組み合わさってできている。そのため、すべてのタスクを代替しない限り完全自動化はできない。

◎ただし、すべての作業を自動化するとメカトロ的に多機構が必要となり、導入コストが上がって採算がとれなくなる。

機械代替はこうしたネックをよけるようにして、虫食い的に広がる。その流れは、下記のようになる。今度は、その浸透プロセスを考えてみよう。

Ⅰ　まずは、パソコンの中で完結する職務から機械代替が始まる。

Ⅱ　続いて、熟練のノウハウのＡＩ化が進む。結果、新米でもＡＩの指示により、経験者以上のパフォーマンスが出せるようになる。

Ⅲ　比較的機構が単純でなおかつボリュームの多い「メイン」作業でメカトロが導入され、ＡＩと合わさり、その工程の自動化が進む（大規模事業所のみの話）。

Ⅳ　上記ⅡとⅢの結果、人は、機械がやらない「すき間」を埋める作業に従事するようになる。

Ⅴ　汎用ＡＩとロボティクスの進化により、１つのロボットが多彩な「すき間」仕事も埋められるようになるころ、それにしたがい、多くの仕事で機械代替が進む。

Ⅵ　高度な折衝領域では、ＡＩの発達により逆に、顧客サービスが高度化し、仕事量は減らない。

Ⅶ　ただし、こうした高度領域では、ライバル企業もその技術を導入して、ハイレベルな顧客サービスで腕を競うようになる。結果、イタチごっこが起こり、省力化は進まず、また、AIや機械への投資がかさむことになる。

Ⅷ　一方で、AI化が進んでも、そのアウトプットを人に伝えるときのインターフェースとして、人が介在することが望まれる。こうして営業領域でも、すき間労働化が進む。

こんな流れが予想される。

この15年間でどこまで雇用は変わるか

続いて、この流れがどう現実社会で起きるのかを、振り返っておこう。

Ⅰに該当するのは、事務だろう。この部分で現在、日本は1295万人もの雇用を抱えている。それが、15年以内に985万人にまで減ると予測する。雇用削減は310万人。

Ⅱに該当するのが、3K職と流通サービス業だ。ただ、この段階では雇用削減ではなく、「誰でも働ける」「誰でも熟練」化であり、人手不足の社会状況と合わさると、「低熟練者が高賃金化」するプロセスとなりそうだ。この「高業績で高賃金」化により、現在の不人気職が一時的に息を吹き返す可能性がある。

Ⅳでは3K職種や流通サービス業で若干の雇用減少が起きる。ただしそれは、規模が大きく機械化メリットが出やすい大企業が中心となるため、業界全体では1割、流通サービス、製造建設ともに130万人の削減、両者合わせて260万人となる。

Ⅴの段階になると、本格的に非対人業務の多くが、機械化されていく。この段階に入り、労働需要の減退が著しくなり、人手不足は多くの業界で解消される。技能実習生へのニーズもこの段階から極端に縮小していくだろう。この過程で、機械化に乗り遅れた中小企業の脱落も起こり、産業は今よりも大企業中心になっていく。

Ⅵ、Ⅶ、Ⅷにより、残った労働需要は「AIが下した判断を、顧客に伝える」すき間労働型営業と、「本格的にAIを使いこなし、今までにない提案を行う」ハイレベル営業に二極化されていく。

技術進化の将来年表と重ねれば、Ⅰがもうすでにその進行途上にあり、Ⅱが今まさにそのスタート地点に立っているところだろう。Ⅲ、Ⅳに関しては、先進的な大企業が、いくつかの工程で実験を続けている段階であり、これも早晩、次々に成果を生み出すだろう。ここまでは大きな技術的進化も必要ないため、この先15年でほぼ、行きつくところまでいくと考えられる。

Ⅴに関しては、何よりも汎用ＡＩの開発が不可欠であり、その初期タイプである全脳アーキテクチャ型が世に現れる15年後くらいに端緒につき、それが成熟期を迎える30年後あたりに、社会に浸透しているのではないか。

Ⅵ、Ⅶ、Ⅷについても、すでにこの流れは始まっていると読む。ただし、進化のスピードは遅く、15年後ではまだ、完全な二極化には至っていないのではないだろうか。

スペシャリスト分野では増減拮抗と読む

これから15年でＡＩに取って代わられる仕事として挙げられることの多い、通訳・翻訳・運転・プログラミング・各種士業などについて、簡単に触れておく。

こうした仕事は特化型ＡＩでの代替が容易なため、15年のタイムスパンでも相当打撃を受けるだろう。ただし、**雇用構造に与えるインパクトはそれほど大きくはない**。

その理由は３つある。

まず、言われるほど**この分野は就業者数が多くない**こと。各種士業の有資格者で実際にそれをもとに仕事をしているプロは、資格ごとに見ても多くて数万人程度だ。ドライバーは就労者が195万人と1ケタ違うが、この中には、セールスドライバーや配送員なども含まれるため、運転のみをする人はもう少し少なくなる。プログラミングに関しては、そのものズバリの職業分類がない。情報サービス業およびインターネット事業の技術者全体で99万人。ただ、この中で単純プログラマー比率は低い。現在、それらはかなりの部分がインドや中国など海外に委託しており、国内比率は低くなっている。

図表23　AI進化のタイムスパン

		キーとなる技術	雇用への影響		浸透時期
			なくなる仕事	すき間労働化	
特化型ＡＩ		ＩＴ メカトロニクス	**知的単純労働** 運転、翻訳、事務、プログラミングなど	**他業務細切れ** サービス、製造、建設、調理	2035年
汎用型ＡＩ	全脳アーキテクチャ	ロボティクス	**他業務細切れ** サービス、製造、建設、調理	**創造・折衝・管理** 営業、企画、管理、クリエイティブ	2100年
汎用型ＡＩ	全脳エミュレーション	分子生物学 ヒト・コネクトーム （神経配線図）	**創造・折衝・管理** 営業、企画、管理、クリエイティブ	→ シンギュラリティ ▼ 雇用崩壊 ▼ ＢＩ（ベーシック・インカム）？	

このように考えてくると、そもそもこうした領域は就労者が少ない。さらに、その少ない就業者のうち、**機械化できる「単純業務」についている人はさらに少ない。**士業の多くは、企画、コンサルティング、渉外、営業なども担当しており、こうした仕事は単純には代替できない。同様に、ドライバーなども観光案内や話し相手などのニーズもあり、生き残る人は出るだろう。プログラミングも同様だ。この仕事は上流工程を担当するSEになるまでの研修要素的な意味合いもあり、こうした部分は、機械代替されない。単純なプログラマー事業者数は、多く見積もっても情報サービス・インターネット系技術者99万人の1割程度、約10万人ではないか。

さらに言えば、士業系などは、前述の通り、その末端で企業において事務作業していた人たちが大幅に合理化されるので、彼らにはチェック役として、出来上がった帳票を検査・確認するための業務が大量に発生する。

結局、企業内において社会保険や給与計算や税務を担当していた事務職の雇用は減少するが、士業の減少比率はそこまで大きくはならないだろう。

こうして考えると、もともとそれほど多くない就労数の中で、その何割かが減少する程度にとどまる。一方、ＡＩやロボティクスの進化により、こうしたメカの開発・

製造・修理保全・操作説明などを行う新たな雇用が発生する。その増加分と帳尻が合う程度のマイナスが発生して、**トータルでは雇用構造に大きな影響を与えない**のではないか。

労働力不足は果たして埋められるのか

ということで、これから先15年程度の間にはⅠ〜Ⅲが雇用構造転換の主役となる。その帳尻がどうなるか、見てみよう。

Ⅰ）事務職の効率化　310万人
Ⅱ）流通サービス業の大企業を中心にした効率化　130万人
Ⅲ）建設・製造業の大企業を中心にした効率化　130万人
合計570万人分の労働力創出。
また、Ⅳ、Ⅴの動きが本格化するまでは、
◎技能実習生　60万人増
◎留学生　10万人増
合計70万人の外国人による労働力補填《ほてん》。

ここまでで、都合**６４０万人**だ。

一方、これから15年間で**労働人口は６５３万人減少**[※]する。差し引き**まだ13万人足りない。**（図表24）

さらにこの間に、想定もしていない新産業が生まれれば、そこで新たな雇用が発生しうる。インターネットが発達したこの20年間を振り返っても、Ｗｅｂデザイナーやｅｃ産業など思いもよらない派生雇用が多々生まれたのを振り返ればわかるだろう。

さあ、その分をどう補うか？　雇用崩壊などと騒ぐより、「人手不足」の補填策のほうが重要だ。

もはや、女性・高齢者の労働参加は伸びしろ少。最後の決め手は？

思い浮かぶのは、女性と高齢者のさらなる労働参加による人手不足対応だが、実は、どちらも雇用の伸びしろが少ない。まず高齢者は、ボリュームゾーンの団塊の世代（第一次ベビーブーマー）が、２０２２年から後期高齢者になり始める。そこから、前期高齢者の数は減少に転じていく。といって、さすがに後期高齢者の雇用増はなかなか見込めない。だから伸びしろが少ないのだ。

図表24　少子化とAIによる人材創出、どちらが勝つか?

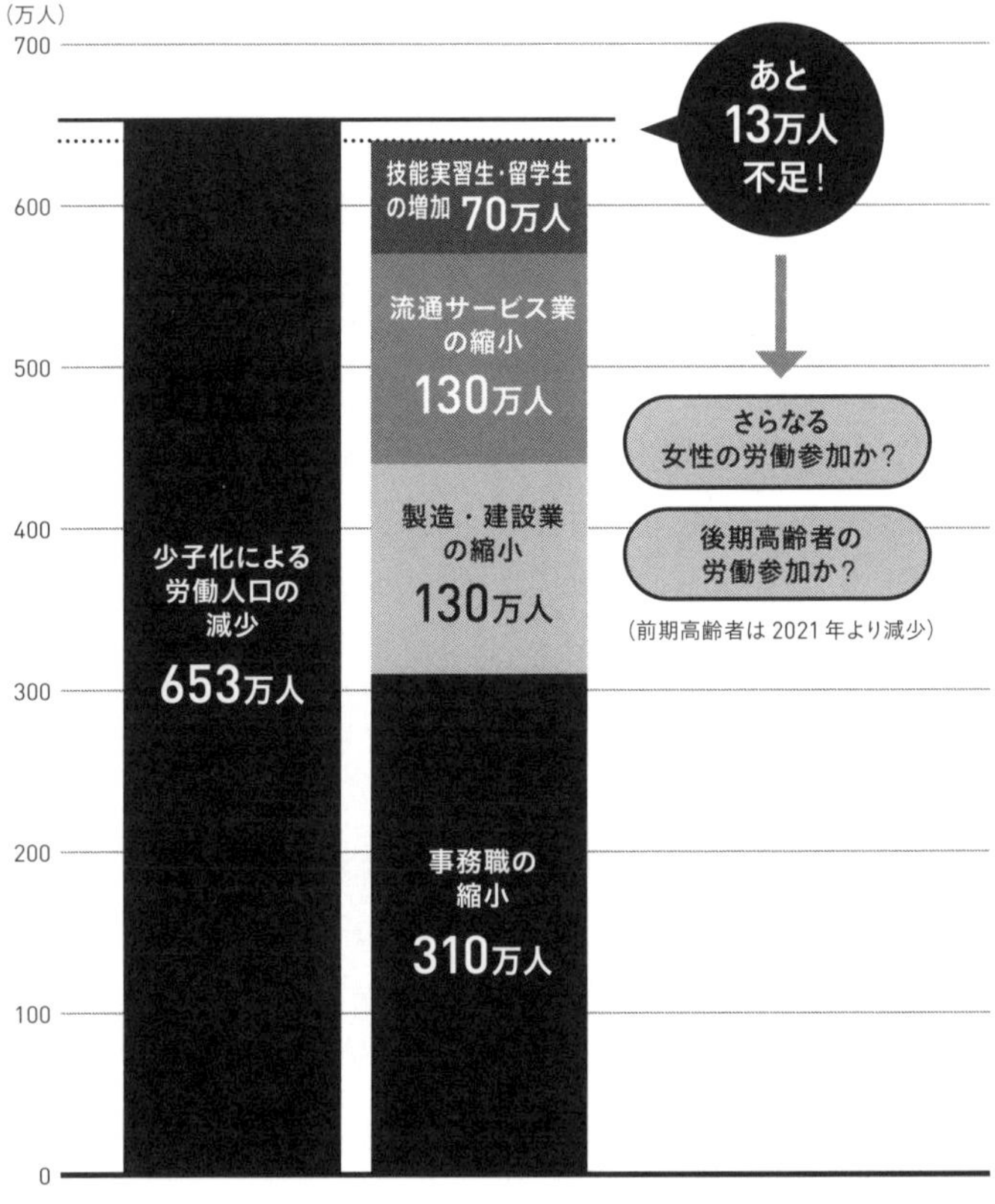

女性についても、女性活躍が叫ばれる結果、彼女らはどんどん男性の牙城《がじょう》（＝総合職ホワイトカラー）に進出し、結果、こちらも職務により増減が分かれることになる。

ここ20余年の生産年齢人口減少期は、女性と高齢者の社会参加でなんとか生産性を維持してきた。だが、今後は抜本的なパラダイムチェンジが必要となる。

処方箋の1つとしては、生産年齢人口の中にいる就労放棄している人たちをどう労働参加させるか、が挙げられるだろう。そのための武器が、Ⅱの「誰でも簡単に仕事ができて、しかも高賃金」化になる。ＡＩの力で、今までのハードワークが「すき間労働化」することで、労働参加者を増やすのだ。

そうしてこの間に、社会が持続可能なくらいにまで出生率を上げ、その後は緩やかな人口減少となるようにしなければならない。そのペースが、２０３０年代から始まるＶの浸透と歩調を合わせられたならば、社会は活力を保ち続けるだろう。

あと50年くらいはそんな労働政策が描けるのではないか。

※現在0～14歳の人たちが、順次15歳になるとこの15年間で生産年齢人口に加算される。ただし、その間の死亡率を勘案する。一方、現在50～64歳の人たちは、順次65歳に到達し（もしくは死去して）生産年齢人口から脱する。この両者の差分が人口の増減として予想される。

※現状の15～64歳の労働力率（77・6％）をもとに推計。

Chapter

4

15年後より先の世界。“すき間労働社会”を経て、“ディストピア”か？

前章までで、AIがこの先どう発展していくか、その結果、雇用のどの部分にどの程度の影響を与えるかがわかっただろう。この章では、こうした変化のダイナミズムを応用して、世界全体がどうなっていくか、そしてその先にある遠い未来の話まで考えることにしたい。

ここでは、以下の4つを重要なポイントとして、予想の下地に据える。

◎AIの進化は、「特化型(～2035年)」「全脳アーキテクチャ(2035～2100年)」「全脳エミュレーション(2100年～)」というタイムスパンとする。

◎労働は、「事務的職務(定型的スペシャリスト全般)」「流通サービス・製造・建設職務(細切れ手作業頻出系)」「営業・企画職務(ホスピタリティ・クリエイティビティ系)」の3分類で見る。

◎変化の過程は「現状→すき間労働→雇用喪失」という流れでとらえる。

◎国ごとに、産業構造および人口構成(年齢構成、民族構成、出生率)を考慮する。

雇用消滅への2ステップと、BI型生活へのウォーミングアップ

ＡＩの進化が雇用にどのような影響を及ぼすか。職務により「それが起こる時期」にこそ差はあれ、共通のパラダイムがあることに気づいただろうか。

それは、**「現状↓すき間労働化↓消滅」という流れ**だ。その流れに時間差が生じているだけなのだ。

たとえば、事務職であれば、今でも多くの仕事がＩＴで代替可能であり、仕事はずいぶん、すき間労働化している。それが、これから15年の間に特化型ＡＩの進化により、消滅する。

流通サービス職や製造、建設などは、これから15年の特化型ＡＩ浸透期にすき間労働化が進み、２０３５年以降の全脳アーキテクチャ期に消滅していく。

営業や庶務などのホスピタリティ職務や、企画・開発などのクリエイティブ職務は、当面今のまま維持されるが、２０３５年以降の全脳アーキテクチャ期にすき間労働化が進む。そうして、２１００年以降の全脳エミュレーション期に消滅していく。

つまり、職務により時代的差異はあるが、いずれも、現状↓すき間化↓消滅という

流れになる。（図表25）

さらにこの間のキャリアや生活の変化も考えておこう。

すき間労働化は、ＡＩと機械が「メイン業務」を遂行し、残った細切れ仕事を人が対応するようになる。それは、ノウハウや勘など「仕事の醍醐味《だいごみ》」が感じられ、習熟を積める業務が「なくなる」ことに他ならない。キャリア形成とは、修業の苦しみと成長のカタルシスから成り立つものだが、そうした部分が機械に代替されるために、働くことは苦しくも楽しくもないものになる。

そして、はすっぱな「誰でもできる」タスクだけが残れば、未経験者や門外漢でも

図表25　現状→すき間労働化→消滅というプロセス

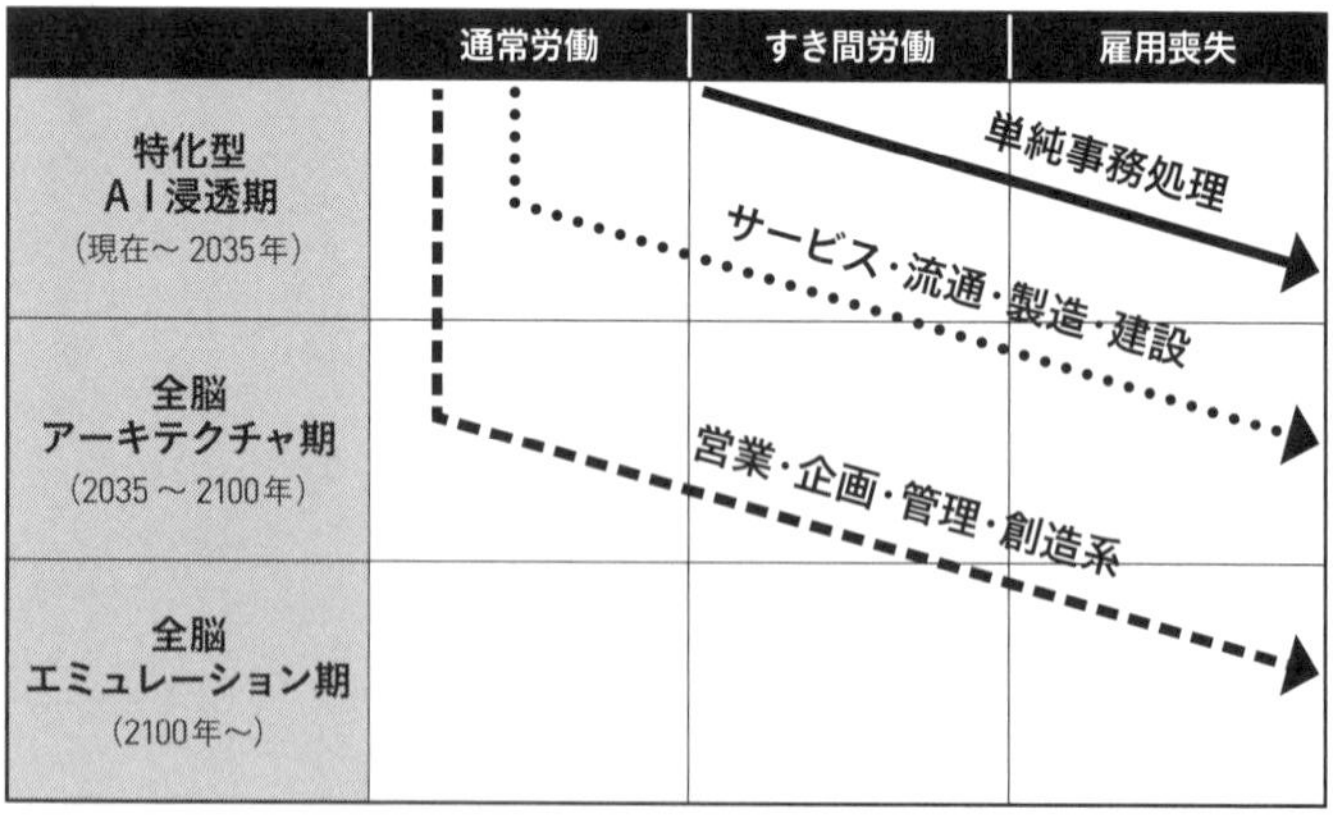

明日から就労が可能となる。だから雇用のすそ野は広がる。それでいて、中核部分は高度職人芸を機械が完全に履行してくれるので、アウトプットはとんでもなくレベルの高いものになる。

たとえば、寿司など食べたことのない外国人がすき間労働に従事する回転寿司チェーン店で、銀座の高級店並みの寿司が廉価で供されることになる。大学出たての営業担当がコンピュータのご託宣に従って提案を行えば、ベテラン営業職と同等な業績を上げることができる。とすると、会社は今まで以上に売り上げをスムーズに上げていくことになるだろう。

がしかし、世の中は人口減少のため、人手不足が続く。だとすると、人材不足下ですき間労働者を確保するために、会社は「多大な利益」を還元し従業員の給与待遇をアップさせることになる。結果、すき間労働しかしない、未熟練の就労者が、現在のベテラン熟練者よりも高い給与を得ることになりかねない。

それは、「**大したことをしなくとも、大金が手に入る**」**社会**ともいえよう。こうして、働き以上の報酬を得ることは、その先のシンギュラリティをスムーズに迎える予行演習になるのではないか?

2100年以降、ほとんどの仕事を機械が遂行し、それにより生まれた利益から、ベーシック・インカムが支給されて、人は働かなくとも今以上の生活をできる社会が来る可能性があると書いた。いきなりそんな社会に転換したら、世の中は大混乱に陥るだろう。だから、その**予行演習として、「すき間労働で働き以上に報酬を得る」過渡期が用意されている**。そう考えると、雇用と技術の発展パラダイムが巨視的に理解できそうだ。

日本は「塞翁が馬」的な移行期となる

これから先15年間の日本の雇用を振り返っておく。15年というタイムスパンであれば、AIはまだ特化型にとどまり、機械による労働代替は言われるほど多くは生じない。その規模は570万人程度であり、就労者数は9%程度の減少となる。一方その間に、生産年齢人口は822万人、労働者数は653万人も減少する。

こうした社会情勢の中にあっては、AIによる労働代替は不安要素というよりも、むしろ歓迎されるべきことだとわかる。ただ、少し俯瞰して考えれば、それは**人口減少社会という「日本」の特殊性ゆえ**にいえることだとわかる。人口が維持されている、もしくは増加している国で、1割も雇用が減ったら、失業率はとんでもないことになるだろう。そう考えると、**日本は「少子化が進んでいて良かった」**という皮肉な結論に至る。

万事塞翁《さいおう》が馬、という中国の故事がごとく、現在目の前に起きている災厄が、しばらくすると案外好事につながったりする。昨今の日本ではこんなことがよく起こる。

2009〜2012年の超円高期、東日本大震災による電力供給の不安定も重なり、日本企業は業種を問わず、海外進出を余儀なくされた。元から空洞化が進んでいた製造業のみならず、流通サービス・金融などの大手企業も、積極的にグローバル化を進める。その直後にアベノミクスにより大幅な円安となる。この時期は世界同時好況期でもあり、欧米日中では、株価も地価も大幅に高騰していく。一足先にグローバル化を果たした日本企業は、海外各地で大幅に売り上げを増やし、それを連結決算すると円安効果で利益がかさ上げされるという「盆と正月が一緒に来た」状態となる。

もし、この順番が逆だったらどうなったか？　円安期であれば、現地の地価や設備機器、人件費などがかさ上げされて、進出はままならない。さらにそこに好況が重なれば、株価や企業価値は現地通貨ベースでも倍近くにもなるので、企業買収もできないだろう。

日本の場合、不況×円高期にグローバル展開できたので、それに必要なコストは、好況×円安期の2〜3割で済んだと言われる。そしてその直後に好況×円安となったため、投資コストの回収は早く、2015〜2017年にかけて史上最高益を記録する企業が続出した。悪夢と思われた円高不況が、数年すると史上最高益の素となっていた。まさに、「塞翁が馬」の好事例といえるだろう。

2040年代には雇用喪失が一気に進む。日本はその波も歓迎する

2035年以降の全脳アーキテクチャ型AI浸透期には、流通サービス、製造、建設などでも本格的な機械による労働代替が起きるだろう。人間同様の作業が実行できるロボットが、当初は1台数億円で市場に登場するのではないか。それが5〜10年のスパンで1台5000万円程度まで下がったときに、雇用は新局面を迎えるだろう。

労働者を1人雇えば、社会保険負担や福利厚生など含め、やはり年間400万円近くが必要となる。5000万円のロボットだとすると、単純計算だと12・5年で元が取れるが、その他のメンテナンスコストなども含めると15年程度で投資回収と一見思

われるだろうが、それは浅はかだ。

ロボットの場合、24時間操業可能のため、8時間労働の人間と比べると1台で3人分のアウトプットが出せる。さらに、休業日も検査・修理の場合しか必要ないので、そこまで考えると4～5人分のアウトプットが期待できる。とすると、投資回収は3～5年で済む。さらに、1台で5人分の活躍をしてくれるなら、工場スペースも5分の1で済むし、製造機器も同様だ。こうしたことを考えると、投資回収は3年程度になる。さらに納期も早まるので顧客サービスは充実するし、不良品率も下がる。

ここまで考えると5000万円というのはとても安い買い物だとわかるだろう。さすがにロボットが自動車並みの単価にまで価格下落し、消費者が一家に1台となるまでには数十年かかるが、**産業用で1台5000万円という価格は、2040年代は到達可能性が高い**。だから、この時期に、労働の機械代替は猛烈なスピードで進むことになる。

当然、雇用は大幅に縮小する。ただし、この時期、日本は生産年齢人口減少のヤマ場を迎える。第二次ベビーブーム世代が退職期に入るからだ。同世代は2036年に前期高齢者入りする。ただ、このころは定年再雇用ももう少し伸びている可能性が高い。そうしたことから、**2040年ごろから本格的に二度目の労働力減少が始まる。**ここでもまた、機械による労働代替と労働力減少の歩調が合うため、社会的混乱は比較的小さく済むだろう。

そうして、2050年までに就労者は3割程度減る。この時期には、外国人技能実習制度も不要となり、上限期間に達した実習生は帰国。その後の募集を閉じることで、後述する「国内南北問題」も起こらない。結果、再び日本人に純化した社会になっている可能性は高い。しかも、就労人口が3割減る間も、機械による労働代替で生産性が伸び続ければ、国民1人当たりの所得は、相当なレベルに高まっているはずだ。それは、**すき間労働化＝労働は少なく高賃金＝BIの先取、という流れに則《のっと》って、優等生ともいえるパラダイムチェンジを成し遂げる**、ということではないか。

このように、**少子化問題も塞翁が馬**ととらえるのが良いかもしれない。やはり日本という国はついている。

中・韓・台も人口減少社会で痛みは少ない

ここから先は、グローバルな視点も盛り込んでおく。

人口が減少していない社会で雇用が1割も消失したら、大変なことになる、と書いた。これから15年、世界の多くの国では雇用不安が巻き起こる可能性が高い。その中で、日本の周辺、いわゆる**東アジアは我が国同様、比較的、穏当な移行期となる**ことが予想される。

韓国・台湾・中国[※]の3ヵ国は、いずれも出生率が1・4を割り、急激な人口減を迎える時期にあるからだ。それも、日本は2005年に底打ちし、出生率は良いペースで回復しつつあるが、他の3ヵ国は底這い状態にある。とりわけ、一番人口も多く、経済規模も大きい中国で少子化が止まる気配がない。少子化の元凶と目されていた一人っ子政策は、すでに2013年に大幅緩和(両親どちらかが一人っ子であれば第二子出産がOK)され、2015年には撤廃《てっぱい》されたにもかかわらず、出生数は2017年も底這い状態にある。世界第二の経済規模とはいえ、人口が多いために、1人当たり所得は日本の5分の1程度の社会で、急激に大学進学率が上昇し、女性の社会進出が同時並行で進んだ。この状況では、女性の若年出産率は当分下がり続け、少子化に歯止めがかからないだろう。

※中国国家統計局の発表より。ただし、国家衛生計画成育委員会の発表では、出生率はもう少し高い。

すでに中国は生産年齢人口がマイナスに転じており、2020年代からは総人口までも減少期に入ると目される。韓国・台湾も現状の出生率推移から見ると、じきに同様の局面となるだろう。

つまり、**東アジアは、総じて人口減少が続く。だから、機械による雇用代替は歓迎されることになるだろう。**しかも、3ヵ国とも日本より製造・建設従業者比率が高い。この分野はこれから15年の間、機械による雇用代替は比較的少ない。ゆえに、雇用減少は日本より緩いペースになる。ということで、東アジアでの雇用崩壊は特化型AI期、すなわち2030年代半ばまでは起きないのではないか。

人口で世界の4分の1、経済規模で同3分の1を占める東アジア地区が比較的、温和な状態でいることは、世界経済にとっては1つの安心材料となるはずだ。

一方、経済でいえばもう2つある極＝「欧と米」はどうなるか？

EU離脱・極右跋扈で揺れる欧州、国内に「南北問題」を抱える米国

欧州諸国、とりわけ旧西側先進国は実は東アジアほどではないが、出生率は低く長期的には人口減少傾向が続いている。なのになぜ、経済が成り立っているかというと、

移民とEUの域内移動による労働力補填があったからだ。これから15年の間に、雇用が1割減る中で、こうした外部からの労働力が非常に問題になってくるだろう。そこを取りやめにする政策を打てば、日・中・韓・台同様に、比較的混乱は少なく、機械代替が進められる。ということで、少々前に騒がれた**EU離脱の気運が再度高まっていく**のではないか。とりわけ、EU内は自由に労働移動できることを旨としたシェンゲン協定が議論の的になると思われる。

唯一先進国で人口増加を続けていると言われる米国だが、内情は複雑だ。ワスプ（ホワイト・アングロ・サクソン・プロテスタント）とそれ以外で大きく様相が異なるのだ。ワスプ系は欧州・東アジア諸国同様、出生率は低い。ヒスパニックやアフリカンなどの非ワスプが出生率をかさ上げしている構造にある。これからの15年で雇用代替される仕事は、非ワスプ領域の仕事が多い。

そこで、**ワスプvs非ワスプの軋轢《あつれき》がどんどん拡大し、国内の「南北問題」となっていく**のではないか。ただ、米国の場合、事務職の機械代替がすでに相当レベルで進んでいる。そうした意味では、雇用削減は1割までいかず、数%で済むかもしれない。その数%を対立の火種にしないようなリーダーが出現すれば、問題はうまく乗り切れるのかもしれない。

2035年以降に新たな南北格差が問題となる

最後に、経済的には小さな存在ではあるが、人口は多い途上国はどうなるか考えてみよう。

まず、途上国の経済の柱となっている製造業は、この15年ではそれほどの雇用消失が起きない。一方で所得や教育水準の向上とともに、雇用構造も少しずつホワイトカラー的職務がシェアを上げていくと予測される。製造業での雇用消失とホワイトカラー職務の増加が拮抗するような成長を遂げれば、こちらも痛みは相当緩和されるだろう。

ただし、時がもう少し下り、2035年以降になると、AIが汎用型となり、全脳アーキテクチャ期になるため、話は別だ。このころには製造や建設、流通サービス業が次々に機械代替されるようになっていく。ではそのときに何が起こるか?

かつて先進国から途上国・社会主義国へと移転した工場が次々に先進国に回帰するという現象が起きる可能性が高い。俗にいう製造業の空洞化（海外生産）は、工場労働者の人件費の安さがその理由であった。ただし、こうした空洞化には様々なコストが付随する。カントリーリスク(国情不安)、遠隔コントロールロス、輸送費、保険費、本社スタッフの赴任費、など目に見える費用も多く、意思疎通の問題など目に見えないコストがその上に重なる。だから、工場労働者の人件費が本国と比べて3分の1以下でないと釣り合わないという。

全脳アーキテクチャ型ロボットで製造コストが著しく低下すれば、もう海外進出の理由は、「為替変動リスクへの対処」くらいしかなくなるだろう。為替リスクに関してのヘッジであれば、大消費国たる中国やアメリカ、欧州主要国に直接工場を建てたほうが良い。そうした意思決定のもと、途上国の工場は、本国もしくは大消費地たる大国に集まっていくはずだ。

工場が回帰した先進国は、いくら製造スタッフをロボット化したとしても、管理要員など少数の雇用が新たに発生する。また設備投資や土地購入などの投資も行われる。そのため、若干ながら、経済の底上げ要因となる可能性は高い。一方、**途上国は、海外からの投資が極端に減少し、雇用も崩壊する。**ここに新たな南北問題が起きる可能性は高い。

人並みのロボットが登場する来世紀、社会はどうなるか

さて、ではその先はどうなるか。

「最後はロボットを愛せるか、どうか」

そんな話を、2章の制作で長時間お付き合いいただいた井上准教授と、対談の合間に語り合った。

もし、人工の皮膚と人工の筋肉が進化し、人間の肌合いと全く変わらないレベルにまで達したころ。そのロボットは、完璧に自分の好きな異性の要素を保有するようになる。もちろん、出来過ぎだとこちらは引け目を感じるから、「できないところ」もしっかり自分好みであり、「たまにはケンカもしないと」意思疎通が深まらないため、そんな機能も盛り込んでいる。付き合っているうちに、「違うんじゃないかな」とこちらが感じ始めるとその感情を察知して、良きころあいでプログラム修正も入る。2人の間にはロボットの子供も生まれ、その子ボットは自分のＤＮＡ型から遺伝子情報を組み込み、やはり子孫と同等な存在となる。

それでも、その子ボットは、「自分のＤＮＡ型で持ちうる」最良の遺伝子の組み合わ

せを残しており、トンビが鷹を生む程度の出来の良い子だ。が、精子バンクで天才たちの遺伝子を買うような「不連続な」分身ではない。その子は、人間同様、食物を分解吸収してエネルギーを得て、成長もする。途上では反抗期や偏食などもあり、そのたびに親として心を砕いて子ボットと対峙《たいじ》しながら、人生の悲喜こもごもを積み重ねていく。

次第に妻ボットと子ボットも成長と老いを重ね、自分とともに家族劇を全う……そんな時代が本当に来るのだろうか。

そのときに私は、やはり「不完全でも」生身の異性を選ぶのか。

玄孫《やしゃご》の世代はそんな選択を迫られているのかもしれない。

自分は20世紀後半に生まれて良かったなとは思う。

が、それも現代人ゆえの感情なのだろうか。

おわりに

ＡＩについて調べているうちに、時折、違和感を抱くことがあった。１章で山本勲先生が語っていらっしゃる通り、今、世をにぎわすＡＩと雇用の関係論文は、その多くが、実務にあまり明るくない人たちが書いている。だから、出発点でズレが生じて、それが識者やマスコミを通してリレーするうちに、現実とは乖離が大きくなっている。そんな気がしたのだ。

取材途上で、尊敬してやまない大ジャーナリストや、こうした科学技術分野をリードする行政官の方にもお会いした。彼らがＡＩ浸透の将来像として象徴的に口にしたのが、「**フィンテック**」という言葉だ。金融（finance）とＩＴを融合したテクノロジーにより、銀行業界は激変するという。

その波が今、日本にも押し寄せ始めた。並みいるメガバンクがリストラを発表しているのも、地銀の統合が進んでいるのもその走りだ、という。欧米の金融業は一足先にその世界に足を踏み入れた。融資の鞘取り、口銭稼ぎなどはやめ、フィンテックに傾注して金融取引で巨額の富を得る方向に産業自体が変革しつつある。この先、口銭ビジネスで成り立つのは、一部の超富裕層相手のヘッジファンド的なビジネスのみだろう（がその投資運用とてフィンテックで成り立つ）……。といった話によく出くわしたのだ。

本当のところは少し違うのではないか——そのたびごとに、私は思ってしまった。金融産業は細かなビジネスに分かれている。集めたお金をどう運用するか、そのやり方ごとにビジネスが分化している。金融取引で大儲けするのは投資銀行の十八番であり、そこにヘッジファンドや証券会社などが相乗りする。信託銀行や生保も運用ノウハウという意味ではそれに近いだろう。こうした列強が肩を並べる領域に、新たに歩を踏み出すのが、銀行の生き残る道なのか？　それは、酸欠状態のレッドオーシャンに迷い込む魚ではないのだろうか。

日本には今でも1億2千数百万の民が暮らす。市場規模では米中に次ぐ世界3位だが、それでも、ドイツの1・5倍、英仏伊の2倍の規模を有する。これだけの市場が単一の言語で成り立ち、しかも狭い面積で営業効率もことのほか高い。確かに人口減少期にあるとはいえ、そのペースは年率0・5％程度。市場縮小もそんなゆっくりモードになるだろう。ならば、本来はここを今以上にしっかり守るのが先決で、フィンテックを生かした投資銀行業務は同時並行的に行うだけでいいはずだ。安易に現在の主戦場を捨てたり離れたりすれば、それは死を早めるだけだろう。

そんなことは、日本の金融事業者は百も承知だ。だから現在、**金融業界で起きているリストラや整理統合の裏には、フィンテックへの業務シフトとは少し違う事情があると思われる。**まず第一に、アベノミクス下の金融緩和で、銀行にとっては低金利のために融資での利ザヤが減る半面、資産価格上昇で投機的利益は増大する状態が長年続いた。それも、金融緩和は2年間で目的を遂行してそれを終える予定であったものが、想定通りに事が運ばず、6度も目標延長をしながら長期化を余儀なくされた。こんな状態でやむにやまれずリストラを開始したという事情がある。

その次には、地銀とメガバンクでは全く異なる理由が続く。

地銀の整理統合は、護送船団方式で無用に林立しすぎたことが原因だろう。

メガバンクは、3つの理由でリストラが行われたと考える。まず1つ目は、15〜20

年前に統合で生まれたメガバンクは、旧系列の人事制度などが残り、抜本的な整理統合が遅れていた。それが昨今ようやく動きだしたこと。2つ目は、金融商品の窓販解禁期に、生保や証券から「外務員資格」を有する熟年層を大量採用したこと。そして最後の1つは、事務処理担当者がIT化で不要になってきたこと。これを少し細かく書いておく。

銀行の業務は、フロント・ミドル・バックに分かれている。フロント職は直接顧客と折衝する「窓口」と「営業」だ。この部分は、AIでもなかなか淘汰はされないと、本書で書いた通りだ。一方、ミドルとバックはほぼ事務処理一辺倒である。とりわけバックは「金融契約書面を作る」工場だから、集約化して効率を上げるべきであり、その方向に多くの銀行が進んだ。だから、現在進められているリストラ計画でも、その対象となるのは内勤・管理部門で、営業は逆に拡充するという。

こうした流れの人員削減であり、それはフィンテックとは無関係だ。事務部門の縮小、営業部門の維持、企画部門の拡充という内訳は、まさに、この本で詳しく述べた今後15年間の雇用構造変化の図式通りだろう。

フィンテックがこれから進行する領域ではそこを主戦場にする投資銀行・証券・生

保も同時に切磋琢磨《せっさたくま》する。だから容易には利益は上がらない。これも、この本の「営業の将来予想」で書いたことと同じだ。要は、こちらが高度化すればあちらも高度化する。2章の対談箇所からひっぱれば「刀でチャンバラしていたものが、レーザーソードに代わり、より高度な剣術が必要になる」ということだ。そう易々と利益が上がりはしない。

だとすれば、**銀行のフィンテックへの過剰なシフトは危険**だろう。

＊＊＊＊

私たちは、空気や風に極めて弱い民族だ。2017年末の衆議院議員選挙でも、某政党が「排除」発言の前後で、大きく形勢が変化したことなど、その好例だろう。30年前には「財テクしない企業は失格だ」という流れの中でバブル崩壊の辛酸を味わったのも、過去には大戦で特攻にまで歩を進めたのも、みな、その「空気や風」に流されたせいだ。

こんな国民性があるだけに、**「空気や風」に対して、マスコミや識者はもう少し、懐**

疑的で慎重になるべきだと思う。

日本が今後も産業活力を保つために必要なのは、何より少子高齢化による労働力不足への対策だ。その意味では、ＡＩは明らかに味方といえる。ただ、それが決定打になるかというと、いささかスピード不足のきらいがある。だから、女性や高齢者の活躍、技能実習生や留学生受け入れなどと歩調を合わせる形でＡＩを加え、まさに総力戦で、少子化に挑まなければならない。

「空気や風」に空騒ぎしているヒマなどないのだろう。

参考文献

井上智洋（2016）『人工知能と経済の未来――2030年雇用大崩壊』文春新書
尾形哲也（2017）『ディープラーニングがロボットを変える』日刊工業新聞社
清水亮（2016）『よくわかる人工知能――最先端の人だけが知っているディープラーニングのひみつ』KADOKAWA
ジャン＝ガブリエル・ガナシア（2017）伊藤直子／小林重裕［訳］『そろそろ人工知能の真実を話そう』早川書房
寺田知太／上田恵陶奈／岸浩稔／森井愛子（2017）『誰が日本の労働力を支えるのか？』東洋経済新報社
東洋経済新報社［編］（2016）『決定版　ビジネスパーソンのための　人工知能　超入門』東洋経済新報社
野村直之（2016）『人工知能が変える仕事の未来』日本経済新聞出版社
西垣通（1988）『AI――人工知能のコンセプト』講談社現代新書
西垣通（2016）『ビッグデータと人工知能――可能性と罠を見極める』中公新書
松尾豊（2015）『人工知能は人間を超えるか――ディープラーニングの先にあるもの』角川EPUB選書
山本勲（2017）『労働経済学で考える人工知能と雇用』三菱経済研究所

アプリオ編集部　「進化した「Google 翻訳」がスゴすぎる」
<http://appllio.com/20161116-8661-google-neural-machine-translation>
テッククランチ　「数学知識もいらないゼロからのニューラルネットワーク入門」
<https://jp.techcrunch.com/2017/04/15/20170413neural-networks-made-easy/>

野原快太（２０１６）「地域労働市場における二極化の検証―ＩＴの雇用代替効果と地方の雇用」（慶應義塾大学パネルデータ設計・解析センター）DP2015-008
Carl Frey and Michael Osborne (2013) "The Future of Employment ： How Susceptible Are Jobs to Computerisation?"
Daron Acemoglu and David Autor (2011) "Skills, Tasks and Technologies : Implications for Employment and Earnings"*Handbook of LaborEonomics,vol.B* ： ch12,pp1043-1171
David Autor and David Dorn (2013) "The Growth of Low-Skill Service Jobs and the Polarization of the US Labor Market"*American EconomicReview,103(5)*,pp1553-1597
Mckinsey Global Institute (2017) "A Future Works : Automation, Employment,and Productivity"
Sara De La Rica and Lucas Gortazar (2016) "Differences in Job De-Routinization in OECD Countries: Evidence from PIAAC"*IZA Discussion Paper No. 9736*

海老原嗣生（えびはら・つぐお）

雇用ジャーナリスト、経済産業研究所コア研究員、人材・経営誌『HRmics』編集長、ニッチモ代表取締役、リクルートキャリア社フェロー（特別研究員）。

1964年、東京生まれ。大手メーカーを経て、リクルート人材センター（リクルートエージェント→リクルートキャリアに社名変更）入社。新規事業の企画・推進、人事制度設計等に携わる。その後、リクルートワークス研究所にて人材マネジメント雑誌『Works』編集長に。2008年、人事コンサルティング会社「ニッチモ」を立ち上げる。『エンゼルバンク――ドラゴン桜外伝』（「モーニング」連載）の主人公、海老沢康生のモデル。

主な著書に『雇用の常識「本当に見えるウソ」』（ちくま文庫）、『面接の10分前、1日前、1週間前にやるべきこと』（小学館文庫）、『仕事をしたつもり』（星海社新書）、『女子のキャリア』（ちくまプリマー新書）、『無理・無意味から職場を救うマネジメントの基礎理論』、『経済ってこうなってるんだ教室』（ともにプレジデント社）などがある。

「AIで仕事《しごと》がなくなる」論《ろん》のウソ

この先《さき》15年《ねん》の現実的《げんじつてき》な雇用《こよう》シフト

2018年5月24日　初版第1刷発行

著者　海老原嗣生《えびはらつぐお》

装丁・図版　長谷部デザイン室
技術指導　三津村直貴

DTP　松井和彌
編集　木下 衛
発行人　北畠夏影
発行所　株式会社イースト・プレス
〒101-0051　東京都千代田区神田神保町2-4-7 久月神田ビル
Tel.03-5213-4700
Fax03-5213-4701
http://www.eastpress.co.jp
印刷所　中央精版印刷株式会社

ISBN978-4-7816-1666-7